誰のための会社にするか

ロナルド・ドーア
Ronald Dore

岩波新書
1025

はじめに

「会社は誰のものなのか」といった書名の本はすでに何冊も出ている。そういう問いかけをタイトルとした本を買った読者には、「正解」を求める人もあろう。また、実際、そういうタイトルを選ぶ著者には、資本主義の本質論などを展開して、企業の「本来」あるべき姿はこうだと説いて「正解」を提供する人もいる。私がこの本の題として「誰のための会社にするか」を選んだのは、「本来あるべき姿」などないと思うからである。一人一人異なる個人の価値体系によって、「あるべき姿」の理想が違う。また、実在する姿——つまり、各国ごとのコーポレート・ガバナンス・システム——は、それぞれの国の歴史・文化によって形成されている。それぞれの国ごとに共有されている「一般常識」の上に、国内のさまざまな集団の利害関係——相異なる、多くの場合相対立する利害関係——の葛藤・妥協が積み重ねられた末の産物なのである。各国民がそのような過程を通じて、「誰のための会社にするか」への答えを、多様な利害関係や理想の均衡点を模索して選んでいくのである。

この本のねらいは、過去一〇年の間にさまざまな面で変わってきた日本の現時点の企業制度において、その利害関係の葛藤・妥協を分析するところにある。同時に、最終章では私なりの「理想像」に沿った制度はどういうものか、いくつかの提案をしている。

このところの日本で、コーポレート・ガバナンスをめぐる論争はおよそ二つの軸で捉えることができる。ひとつは「グローバル（すなわち米国の）・スタンダードへの適応」対「日本的な良さの保存」といういわばナショナリズムの次元である。もうひとつは「株主の所有権絶対論」対「さまざまなステークホルダーに対する責任を持つ社会公器論」という、階層対立の――古い言葉でいえば階級闘争の――次元である。

グローバル・スタンダード適応論は、エンロンやワールドコムの不正事件で相当な打撃を受け、二〇〇一年を頂点に、特に日米の技術力競争では日本がさほど不利な立場にないことがますます証明されてくるのにつれて、下火になりつつあるようだ。しかし、後者の「株主」対「他のステークホルダー」という対立軸の方は、引き潮どころではなく、むしろここ一五年間、一直線に株主優勢の方向に支配的思潮も法制度も企業行動も動いてきている。この本で「静かな株主革命」と称しているのだが、次のiv―vページのイラストが示しているように「経営者革命」というべきかもしれない。いずれ、私はこの傾向を決して良しとしない。

企業のあり方を主として、効率・競争力の観点から論ずる人が多い。「国際競争に（企業が、ひいては国家が）勝ち抜くために」こうせよ、ああせよと……。分配面についての議論――その「株主革命・経営者革命」が、国民一人一人の生活にどう影響を与えるかに関する議論——は、ずっと少ない。

最近、驚くほど、格差社会論争が、一般の関心を集めている。二〇〇六年一月の政府の「月例経済報告」の資料にも取り上げられていたし、テレビでは毎日のように、ヒルズ族の豪華なライフスタイルや荒川区の下町の生活を対置させるような番組が放映されている。

ところが、格差社会の論争を見ていても、コーポレート・ガバナンス変革がどのように格差を拡大させる要因になっているかについての視点は、業績給の普及への影響という点を除けば、ほとんど見当たらない。しかし、本書の第五章に掲げた表**4**を見るだけでも、明らかに「株主革命」はおおいに関係してくる。その因果関係に少しでも読者の注意を喚起することができたとすれば、この本を書いた甲斐があったと思う。

二〇〇六年六月　吉日

RD

「準共同体的企業」

—1990年代前半までの代表的日本企業—

慣例のやりとり……

俺だって，車買い換えたいし，5%給料が上がったらそれに越したことはない．連中は会社の将来を考えていないんだなぁ．
俺たちだって会社のことを考えてないわけじゃないけれど，住宅ローンだってあるし，教育費だってばかにならないし．うちでは生活が苦しい，苦しいとばかりしごかれているってこと，わかっていないんだな……

人事部長　「皆さんの気持ちはよくわかるんだけど，前々から説明しているように，現実が厳しいし，来年度の投資計画をフルに実施しなければ，5年先に会社がどうなるかわからない状態なので5%ベアなど，とてもとても……」

組合委員長　「おっしゃることはわかるが，中年層の生活問題の厳しさをあなたは充分理解していないと思うし，ほかのところの無駄を省く努力をもう少し……」

「株主所有物企業」

―2010年の代表的日本企業―

台詞も建前も変わらないが，本音は……

人事部長　「皆さんの気持ちはよくわかるんだけど，前々から説明しているように，現実が厳しいし，来年度の投資計画をフルに実施しなければ，5年先に会社がどうなるかわからない状態なので5%ベアなど，とてもとても……」

組合委員長　「おっしゃることはわかるが，中年層の生活問題の厳しさをあなたは充分理解していないと思うし，ほかのところの無駄を省く努力をもう少し……」

目　次

第四章　組織の変革

イラスト　高橋克也

＊本文中の肩書きは原則として当時のものです

第一章　コーポレート・ガバナンス――「治」の時・「乱」の時

1　社長追放の諸相

「うちの会社は最近、コーポレート・ガバナンスを導入しました」――。このようなセリフを今でも時々耳にする。まるで、業績給とか、汎用工作機械などを導入したかのような言い方である。

「導入する前は無政府状態だったのですか」と聞き返したいところだ。多くの場合、「導入した」といって意味しているのは、取締役会改編、社外重役の導入、執行役員制度への移行、委員会設置会社への切り替えなど、日本の会社が最近、右ならえ式に導入してきた「改革」なのだが、コーポレート・ガバナンスとは、そのようなアメリカ型諸制度だけを意味するのではない。街角の八百屋さんから三菱重工まで、あらゆる企業組織には、何らかの形で、重要な決定を誰がどう行うかという、明示的、あるいは暗黙のルールがある。そのルールの総体を「コーポレート・ガバナンス」と言うのである。

そのルールの中心をなすのは権威・権力構造である。そして、その構造が、もっとも鮮明に現れるのは、事がスムーズに進行していく平時よりも、トラブルが起きた危機の時である。儒教政治学の用語を使えば、「治」の時より、「乱」の時である。たとえば、社長追放の動きが出た時、あるいは敵対的買収の脅威に直面した時などである。

誰がトップになるかは、どんな統治システムにおいても、重大問題となる。街角の八百屋さんでは、親父が全部決めるか、おかみさんも「経営参加」するか、息子にいつ、どういう条件で跡を継がせるかなどがその店の存続にとって重要な問題であろう。同様に、法人企業の場合でも、誰が会長、社長、CEO（最高経営責任者）、COO（最高執行責任者）などの最高責任者を選び、そのパフォーマンスを誰が評価して、どういう咎で、そしてどういう手続きで、追い出せるかがコーポレート・ガバナンスの中核要素のひとつだといえる。

パフォーマンスの悪さを問われて、社長の座を去ることを余儀なくされた人物の例を三つ見よう。

チェーンソー・ダンラップ

アルバート・ダンラップ氏がサンビームというアメリカの老舗電気製品メーカーの社長になったのは、一九九六年のことだった。すでに、リストラ・企業再生に優れた手腕を振るう名社長というかなりの評判だった。容赦ない首の切り方のせいで、「チェーンソー・アル」や「背広のランボー」といったあだ名がつけられていたが、ウォール街においては拍手喝采を送られる英雄だった。それ以前に社長を務めていた会社、スコット製紙では、二年足らずの間に、管理職の半分、現場労働者の二割を解雇したり、三〇〇万ドルの慈善事業の予算をゼロにしたりして、株価総額三〇億ドルだった会社を九〇億ドルで買収される会社にした(それによる自分の報酬はわずか一億ドル)。

ダンラップ氏の社長就任のニュースで、サンビームの株価はたちまち、六〇%上がった。案の定、ダンラップ風の「激怒による支配」がはじまった。工場閉鎖、大量解雇、研究開発・慈善事業の予算削減、子会社の売り飛ばしなどのおかげで、経常利益が毎四半期上昇に向かった。ところが、疲弊し、モラール・ダウンした会社のモノ作り・モノ売りの実績は、その利益の数字と反比例して悪化する一方であった。ほどなく、サンビーム製品の強引な商法の噂が少しずつ聞かれるようになった。四半期業績を分析したあるアナリストが、一九九七年の第4四半期、つまり初冬に、バーベキュー・セットの売り上げが急上昇を示していたことを不審に思って調査したところ、切羽詰った末に、割引率を高くし、支払いを延期するという、「数字」を膨らませる売り込み戦術をとっていたことがわかった。彼の警告で、ウォール街はやっと気がついて、ダンラップ氏に対する信用にひびが入った。一九九八年の三月に五〇ドル以上だった同社の株価は、六月になると二〇ドルを割っていた。

ダンラップ氏は「株主主権原理主義者」だった。アメリカのよきコーポレート・ガバナンス

「戦線」を推し進めるつもりで、オール社外のメンバーによる取締役会を作った。取締役五人のうち、彼の社長時代に任命されたのは四人だったが、彼らはいずれも社長の友人というより、文字通りに独立した独立重役だった(ダンラップ氏の名言のひとつに「友人? 友情など、どうしても必要なら犬を飼え。俺は二匹飼っている」というのがある)。おまけに、取締役就任の条件はサンビームの株を大量に購入することとされていた。

一九九八年六月半ばの取締役会で、社長と財務部長が、株価の暴落で個人的に大損をして神経を尖らせていた重役たちから、事情説明を要求された。問題はあるが万事うまくいくと言い張ったダンラップ氏は、開き直って最後に、「俺を信用しなければ辞任する」と言った。取締役たちは三日間、社内の反ダンラップ派の部長たちから密かに情報を集めて、四日目の土曜日に四人がウォール街に集まった。五人目は電話でつないで、社長解任の決議をした。その場から電話でダンラップ氏に解任を告げて、本人を驚かせた。

「会社の救い主から失業者になるまで、たった三か月。ゼネラル・モーターズが社長をようやく追い出したのが、シェア低下が連続何年も続いた後だったのに比べると、ずっと効率的な取締役会だ」と、あるコーポレート・ガバナンス専門家が評している。

オークマの大隈家

大隈家が原始的な工作機械を作り始めたのは、今から一〇〇年以上前の一八九八年のことだった。第二次世界大戦を経て、大隈鉄工所として上場し、一九九一年にオークマとなった。多くの会社と同様、戦後の活発な労働組合活動の結果、労働協約が結ばれた。団体交渉の手続きなどの他に、労使協議会として「経営会議」を設立することが規定されたが、実質的に労働組合の経営への参加がオークマの重要な特徴となってきたのはオイル・ショック後の一九七七年からだった。不景気への対応として製造業の投資引き締めが行われた結果、工作機械業界全般が苦しい状態に陥った。オークマでは、希望退職者を募る可能性を試みてから、一九七七年の三月に、経営側が指名解雇はやむを得ないと言い出した。組合幹部は反対して、スト投票を行うことにしたが、スト反対票が多数となった。すると、指名解雇はこの一回だけと経営側に約束させたうえで、六九人が解雇された(『労働法律旬報』一九七七年一二月一二日号)。

ところが、事態はさらに悪化して、九か月後に会社はさらに五〇〇人近くの解雇を組合に申し入れた。今度はたちまち、ストに突入する動議が圧倒的多数で可決されて、組合が「会社再建特別委員会」を設立した(藤井啓介『飛翔四〇年——オークマ労働組合四〇年の歩み』機関紙連合通信社、一九八六年)。

一か月続いた争議の解決策として、解雇案取り消し、二九年間も社長を務めた大隈幸一氏が引退して、その妹婿の大隈武雄氏が新社長になった。新社長は、(1)家族経営に終止符、(2)組合の経営参加の強化、(3)透明性の確保、という三原則への同意を宣言して労働組合の協力を訴えた(『中日新聞』一九八八年一月一四日)。

高度な熟練技能の持ち主で、会社に対してかなりの愛着をもつ現場労働者たちによる組合であっただけに、協力は惜しまなかった。新社長は、かなり徹底的にリストラを行った結果、会社を再び軌道に乗せることに成功した。彼は、中興の祖と言われる評判まで得たが、一九八五年ごろから労使協調体制にひびが入るようになった。社長が自分の子どもを五人も会社に入れたからである。特に評判が悪かったのは、鋳物工場に入った長女だった。彼女は入社後二、三年ですぐに課長に任命された（ほかに女性課長は一人もいない、伝統的な男性職場で）。社長はさらに、明らかに自分の跡取りにする腹づもりで、人望があまりなかった長男を副社長にした。これらは、「家族経営に終止符」といった約束に反するとして、組合ばかりではなく、役員の間でも批判する人が多かった。

そこへ、円高不況が襲ってきた。工作機械メーカーにとって、ふたたび苦しい日々が続いた。一九八六年の年末のボーナスを一人五万円カットすることに組合側が同意したのに対し、翌春、会社が経営会議室および副社長室のリフォームに五〇〇〇万円を使ったことが判明した（『朝日新聞』一九八八年一月一三日）。続いて、組合側に一番近い取締役がドイツに開設された新支店の支店長というポストに「島流し」された（『日本経済新聞』一九八八年一月一四日）。さらに、社長が自分が所有していた邸宅を社員の宿泊休養施設として会社に売ったこと、その代金が不当に高かったことなども問題になった。組合は、「社長、副社長の会社私物化傾向」を討議するための「経営問題特別調査会」を作った。

緊張してきた労使関係がいよいよ爆発したのは、新聞のインタビューで、社長が、自分は健康が芳しくなくて近いうちに引退する、息子の副社長に跡を継がせる、という意向を明らかにした時だった。翌日、組合長が記者会見をして「経営協議会で「社長世襲は許されない」旨の動議を出すことを検討している」と告げた（『朝日新聞』一九八八年一月一四日）が労使協調の現代にしては異例だと評した）。取締役会が召集され、社長への支持が確認された。社長は、組合の態度はドイツ支店長という「不満分子」の仕掛けによるものだと非難した。

労使ともに、競争相手が隙をついて、「大隈にはもう信用がない、喧嘩して品質も落ちた」と客に働きかけていたことや、株価も落ちていたことなどを心配はしたが、それらはお互いにあなた方の責任だと決め付け合った（『日本経済新聞』一九八八年一月二四、三一日）。

経営協議会の枠の中での交渉や、世論へ訴える記者会見を通じて、二週間以上にわたって争議が続いた挙句、労使双方の依頼で仲介に乗り出したのは東海銀行だった。東海銀行は、オークマ株の半分くらいを所有していた銀行・保険会社の安定株主の中でも、五％を占める、第三位の大株主だった。メインバンクとして、七〇年代の危機の際にも、部長級の管理職を出向させたりして、オークマのモニターとしての役割をかなり果たしてきていた。銀行側が一日で出してきた解決案が労使に受け入れられた。主な点は次の三点だった。（1）現社長が顧問に昇格する、(2)東海銀行の次期頭取と噂されていた松谷明氏が、オークマに出向して、六月の株主総会後社長となる、(3)社長の長男である現副社長は、副社長として残るが、今までの管理分野から人事・営業部門は切り離し、将来の昇進は業績次第とする。

「会社は名をとって、組合が実を取った」と『中部読売新聞』(一九八八年一月三一日)が評した。その後、副社長のポストがなくなって、父親が社長にしようとした長男大隈一氏は、ドイツ支店長から戻ってきた役員と並んで、六人の常務取締役のひとりとなった(「オークマ騒動」の仔細は、Charles T. Tackney, "Institutionalization of the Japanese lifetime employment system". Ph. D. dissertation, University of Wisconsin-Madison, 1995)。

三越の岡田茂社長

一九七〇年代は、オイル・ショック不況の時代にあっても、三越にとってはかなり商売繁盛の時代であった。海外でも、国内の地方都市でも、新しい店舗をいくつも開設するのに成功した。一九七二年に社長になった岡田茂氏は、社内で、アイデアに富んだ、ダイナミックなリーダーという評判の人物だった。社長になってからも、「文化路線」を打ち出したり、美術の展覧会で三越の名を銘打たせたりするダイナミズムには変わりはなかったが、しかし、部下に対する専横な暴君ぶりが露呈しはじめた。のみならず、「会社の将来を考える」というより、私利私欲に走る傾向が次第に顕著になった。自宅の改修費用に会社の金を流用したりして、愛人武久みち氏の会社「アクセサリー武久」から、売れそうもないブランド製品を、異例の全品納入方式で、大量に仕入れて膨大な不良在庫を作ったりもした（それらは岡田氏も役員になっていた、租税回避地のパナマに籍を置いている会社が香港で製造した偽フランス・ブランドの代物だった）。しかも、武久氏は、「三越の女帝」と言われたほど、社内の不服を抑えるための左遷、降格の報復人事に全面的に関与していた。

岡田政権は一〇年にわたって続いた。さまざまな噂が飛び交ったが、広く三越の内部事情が注目されるようになったのは一九八二年四月に『週刊朝日』(四月二三日号)が、「三越を守る会」という、いわゆる「理論総会屋」の組織がかぎだした内部資料を使って「三越・岡田社長と女帝の暗部」というトップ記事を出した時からだった。続いて八月に開催された、三越主催の「古代ペルシャ秘宝展」の展示品の中に横浜の彫金工が巧みに作ったニセモノがかなり混ざっていたことが判明した。その間の六月の株主総会は、社員株主による「議事進行！」の合唱の繰り返しで総会屋の質問をかわして、シャンシャンと閉会に急ぐことはできたが、社長の「文化路線」の中核に触れる展示会がニセモノで大騒ぎとなり、しかも、展示品の購入に社長の愛人が深くかかわっていたことがわかったとなれば、取締役の中で、「もう何とかしなければならない」と心配する人たちもかなり出てきた。しかしまだ、忠臣、杉田忠義専務をはじめ、岡田氏の側近がその不満を抑えるのに成功していた。たった一人、生え抜きでない重役は、三井銀行の相談役だった。銀行から社外重役を一人、三越の取締役会に送るのは以前からの慣例だったが、その時の銀行代表は小山五郎氏という、相当の人物だった。三井グループ全体の名誉にもかかわるという責任感も働いて、ついに彼が立ち上がり、他の重役を説得・動員して、九月の定例取締役会で一六対〇《ゼロ》で社長解任の動議を通した。最後には杉田氏にまで裏切られた岡田社長がその時に叫んだ「なぜだ!」は当時の流行語になった。

一か月後、岡田と武久の両氏は、共謀して会社を私物化し、一九億円に上る損害を与えたとして「特別背任罪」の容疑で逮捕された。

二つの解釈　サンビームのダンラップ氏解任事件はアメリカのコーポレート・ガバナンスの典型的な例であるとはいえない。アメリカにおいても、情緒的な人間関係や腐れ縁、思いやりが多少入る場合は多い。しかし、アメリカのコーポレート・ガバナンス制度の基本原理を最もすっきりした形で表せているという点では、代表的な例といえよう。その基本原理とは、

(一)　会社は株主集団の所有物である。

(二)　経営者は、株主の財産を委託されて、株主の代理人として、なるべくその財産の利回り(例のROE, return on equity　株主資本比率)を高くして、その財産の市場価値を最大化することを義務とする(いわゆる株主価値原理)。

(三)　取締役の機能は経営者がその義務をちゃんと果たしているかどうかを管理することで

ある。

（四）したがって、取締役は、知識と洞察力のほかに、経営者と何ら義理や腐れ縁がないことが重要である。しかも、会社の株を大量に所有して、株主集団と利害関係が完全に一致していることが理想的である。

（五）経営者のいいパフォーマンスを確保するためには、監視されているという潜在的「ムチ」のほかに、株主と利害関係を一致させるストック・オプションがよい「アメ」――よい動機付け――となる。

取締役にとっては、（エンロンなどの場合と違って）ダンラップ氏の動機に問題はなかった。問題はその業績だった。「脂肪」を切り捨てると称して、「骨」まで切り込んで、生産主体としてのサンビームを機能不全にした。短期的に高利益を得る計画がすでにつまずいていたばかりでなく、中長期的な利益も危ないという評価がアナリストたちの間でコンセンサスとなると、株価も、ダンラップ氏に対する信用も、がた落ちしはじめた。その結果、取締役が、株主の代表として期待されていた役割をテキパキと果たしたわけである。

日本の二つの例は、それとどう違っていたか。

（一）関与していた株主は株主として一定の集団的利益を意識していた。従業員も然り。しかし、それを超えて、関係者が一致して心配するのは、ひとつの有機体としての「会社」の将来・名声であった。「会社のため」というのは関係者全員にとっての大義名分となっていた。

(二) 立役者として一般株主がいっさい出てこない。三越事件を取り上げたいくつかの記事を読んだが、株価の動向について触れた箇所はなかった。社長追放に大きな役割を果たした、安定株主だった銀行は、安定株主だったからこそ、株を売ることは考えなかった。したがって、株価にはもともとあまり興味がない。銀行が動いたのは、株主としてというより、債権者・取引先として、である。

(三) 脱線する社長にブレーキをかける原動力は、当初は外からではなく、部下・同僚から来た。

(四) しかし、その原動力が効果的に発揮されるのには、外部の力が必要だった。オークマの場合、株主兼債権者兼金融業務取引相手として利害関係を持っていた銀行が組織として動いた。三越の場合、制度的に債権者の番人という立場の社外重役が、三井グループ全体のバックアップもあったには違いないが、個人として動いた。

つまり、米国では企業＝株主の所有物、日本では企業＝一種の共同体。その二つのモデルを「株主所有物企業」と「準共同体的企業」と名づけることにしよう。

「株主所有物企業」における社長追放のやり方も特徴的だが、その頻度はなおさら特徴的だ。アメリカと同じアングロ・サクソン型資本主義国であるイギリスにおいて、最近かなり大掛かりな調査が行われた。社長交代の事例を「自発的な引退」と「取締役による解任」に分けてみたのである。後者は、実に四六％にのぼった。日本ならば、せいぜい二、三％ではないだろうか。批判が多くなって、居づらくなって、禅譲するケースも入れれば、一〇％くらいだろうか。とにかくかなりの違いであろう(Annita Florou, "Top director shake-up: the link between chairman and CEO dismissal", LBS Working Paper, No. 033, July, 2002)。

顕著な相違点である。これは果たして、透明性もなく、社外からの厳しい管理もない日本型準共同体的システムの欠点を示す相違なのか。それとも、そのシステムの「相互信用に支えられた内部統制」がいかに効果的であるかを示す相違なのか。どう判断すべきか。どちらのシステムの方が、正直でダイナミックな社長を確保することができるのか。

その重要な問題の検討は後に譲るとして、もうひとつの「乱」状態、最近大きな話題になって、ますます日米が似通ってきそうな事柄、すなわち、敵対的買収のあり方、を見てみよう。

2　なぜ今、敵対的買収か

社長解任と同様、アングロ・サクソン型資本主義諸国では、敵対的買収が日常茶飯事である。『ウォール・ストリート・ジャーナル』紙など、毎日、紙面の半分ぐらいがどの会社がどの会社を買収しようとしているか、どちらが勝ち組で、どちらが負け組になるかという記事で埋まっている。それと対照的に、日本では、ライブドア対ニッポン放送の対立劇まで、時にグリーンメール(株を買い占めて敵対的買収をかけると脅して儲けようとする仕手筋のワザ)は起こっても、本格的な買収はほとんどなかった。

なぜかと言えば、

(一)一九七一年の法律で制定された制度では、敵対的買収者にとって株式公開買い付けの手続きルールは煩雑かつ窮屈であった(しかし九〇年代の「改正」で、大いに緩められて、今やアメリカと大差ない)。

(二)敵対的買収をされないようにという明示的な意図の安定株主工作で、持ち合い株による、かなり効果的な防衛線が張ってあった。

(三)日本の従来の「企業文化」が、敵対的買収を許さなかった。一九八〇年代のあるビジネス辞典には「TOB」(テーク・オーバー・ビッド)の項目に、買収手続きの説明の後に続けて、次のようなことが書かれてあった。「会社をただカネの力で買うことは日本人にとってあまりにドライなことだとされて、この手続きは実際利用されたことがほとんどない」と。

たしかに、終身雇用制の下で、会社とは、人々が一生コミットする準共同体であるというのが常識であれば、合意による合併の場合でも——たとえば八幡製鐵と富士製鐵の合併が有名な例だが――二つの閉鎖的な共同体を一つの共同体にすることは並大抵のことではなかった。ましてや、敵対的なやり取りの結果、被買収企業と買収企業とが容易に融合するとは考えられなかった。

なぜ買収劇が続くのか

ところが、最近になって、敵対的買収が世間を騒がすようになり、大企業でも、(企業が敵対的買収を抑止・防衛するための手段)の当否が問題になってきた。なぜだろう。(第五章でも検討するように)買収対策としてのポイズン・ピル

ひとつは、株式持ち合いが解消された結果、敵対的買収がより現実的な可能性を帯びてきたからである。経済産業省の計算によると、一九九二年には株の四六%が持ち合い関係で保有されていたのに対し、二〇〇三年になるとその数字が二四%に減っている。持ち合い関係が解消された理由として、一面には、銀行の不良債権処理・自己資本比率規制への対応のためのやむを得ない副産物という側面もあった。しかし、そのいわば不可抗力の成り行きは、同時に政府によって政策的に促進された現象でもあった。銀行経営安定化のための株式保有規制(二〇〇一年)も、そして売られていく持ち合い株を買って、株価暴落を防ぐため受け皿を提供する「銀行等保有株式取得機構」を作ったことも、いわばその促進政策の手段であった。

二〇〇一年の法律は、建前としては、銀行の資本比率をより健全なものとすることを目的とする法律だった。しかし、持ち合い制度解消の手段として歓迎する意見も――持ち合いによっ

て保護されてきた経営者の間においてではなく、官界および政界の一部で――有力になっていた。むしろ、銀行の健全性の向上という本来の目的よりも、その持ち合いを崩す波及効果に期待を寄せていた、「改革熱」に燃える官僚および「審議会学者」がかなりいた。彼らは持ち合い制度による銀行と事業会社との相互依存関係は、証券市場の機能をゆがめる腐れ縁であり、経営者に対して必要な「市場の規律」を弱めるものだ、バブルを起こした重要な要因だった、等々と主張した。

同様な二面性が、二〇〇四年から義務化された、時価会計の導入の際にもあった。従来の簿価会計であれば、持ち合いのために買った株は取得時の価格のまま貸借対照表に寝かせておけたため、時価が相当上がった際には「含み益」となって、いざという時に「ヘソクリ」の役割を果たしたばかりでなく、貸借対照表を安定させる要素ともなっていた。しかし、時価会計となると、株式市場の上下に影響される不安定要素となる。結果として株を持ち合うことを抑制する要因となった。

時価会計の導入は、「グローバル・スタンダードへの適応」という大義名分が裏にあって、持ち合い関係の再構築を難しくする狙いもあった措置だが、もう一つ、敵対的買収とより密接に関係した狙いがあった。合意による買収、あるいは敵対的買収を企てようとする場合、買おうとする会社の「価値」を正確に把握できないと、どういう価格が安いか／高いかを知るすべがない。したがって、会社が保有している資産の時価を知る必要がある。一連の会計制度改革のもっとも熱心な推進者は、M&A専門の、特にアメリカの、証券会社、およびそのスポークスマンである在日アメリカ商工会議所であった。従来、経営者は、「自分の会社が持っている土地や株は、どうせ売るつもりはないから、今売ったらどのくらいで売れるかにはさほど関心がない。大まかに見当はつくが、他人の知ったことでもないから、公表などする必要はない」といったような態度で通った。「準共同体的企業」の経営者のそういった考え方は、会社を株主の所有物とみなす、企業売買の市場に携わるM&A専門の証券会社にとって、けしからん邪道とされていた。

M&A促進政策の理論

やがて、彼らの説の方が優勢となるくらい「M&A促進」が、誰も批判してはならない、日本政府公式の政策目標となった。促進されるべきM&Aはもちろん、「事業拡大のため」、「規模の経済」や「多角化の経済」、「相乗効果の実現」のための、合意による合併が主だったが、もしもそのような競争力強化、効率性を高める目標に同意しない頑なな経営者がいた場合、敵対的買収という手段は近代的ビジネスマンなら、経営者が当然考えるべきもうひとつの選択肢とされた。そういった観点から、新古典派経済学者は、ライブドアによるニッポン放送の買収事件以降、日本技術開発、阪神電気鉄道、TBS、日本無線、オリジン東秀などなどに対して相次いだ敵対的買収の試みを――堀江貴文氏や村上世彰氏のやり方には非難するところがあるとしても——原則的に日本経済が近代化されていく兆候として、おおいに歓迎していた。

経済産業研究所の鶴光太郎氏がそのよい例である。彼は〝ホリエモン〟には敵対的買収に必要な「心・技・体」の三要素が足りなかったという。「つまり、買収の動機や目標が明確でなく、被買収側の企業への配慮が足らない(「心」の不在)、東証の立会外取引での株の買占めなどの手法の適法性が事前に完全にクリアーできていなかったこと(「技」の不在)、本来ならばフジテレビに対抗してカウンターTOB(公開株式買い付け)を行うべきところ、金融面での体力がなく、資金調達に息切れしたこと(「体」の不在)」と言いつつ、一般論としては、こういう。

経営者にとっては、(敵対的)買収の成功は自らの地位を失うことを意味するため、買収されないように経営努力を行うインセンティブが生まれる。日本の場合、メインバンクに代わって業績の悪い経営者にペナルティを与えるようなメカニズムが不在である現状を考慮すれば、企業買収の「脅威」による規律付けメカニズムは重要である。(http://www.rieti.go.jp/jp/papers/contribution/tsuru/05.html)

このように敵対的買収を肯定する論法には二つの側面がある。

第一の主張はこうだ。M&A、つまり、合併・生産部門売買などによる、企業、ひいては産業の再編成は——合意によるものであろうと、敵対的買収によるものであろうと——技術の変革、市場の変動がますます激しくなる今日においてはいっそう必要な対応となったということだ。ひとつの会社、ひとつの生産組織のなかで、どのような生産活動を並行して行ったら合理的かという、企業戦略の解が始終変わる。それに対応して、最近、ビジネス・スクールではコア・コンピタンス論(会社はその主たる比較優位事業に集中すべきだという説)が支配的な「学説」となり、投資家の間でも投資戦略の主軸となってきた。日立製作所の株価が低迷していた時に、新しい社長が、日立の二〇%に当たる部門を売却して、それによって利益が将来必ず立ち直るのだと「市場」に約束したのも、その「学説」に対する「表敬」だった。

第二の主張は——そしてこれは一般的なM&Aではなく、とりわけ敵対的買収を是とする側の論なのだが——鶴氏が使っている「市場の規律論」に基づくものである。会社の株価が低迷して、時価総額がその実際持っている純資産に比べて、相対的に安くなる場合がある。これは、例外なく経営者がなっていない証拠であり、より経営能力の優れた人が、その会社を買収すれば、同じ資産からより高い利潤を上げることができるはずだ——つまり、この場合のM&Aは、経済全体の資本利回りを高めるのだから賞讃すべきだ、という主張である。

さらに新古典派経済学者たちは、敵対的買収による経済全体への貢献は、買収によってもたらされる経営改善に限定されるわけではない、より一般的には、買収される恐れが、「わが首がかわいい」経営者に規律を与える効果の方がより大きいのだとも主張している。

M&Aの現実

いずれも穴だらけの論法である。そこに、株式市場の合理性についてとか、国柄、文化伝統などを超えた普遍的な「人間の動機」および効き目のある動機付けについてなど、「自明の理」とされている前提がいくつかある。それを一つ一つ検証しよう。

一、企業の株価は経営者の経営能力の正確な指標である。

——株式市場はそんなに合理的なメカニズムではない。ケインズによる有名な比喩がある。「(株式市場は)最近新聞によく出る美人判定ゲームのようなものだ。一〇〇人の写真から最も美しい六人を選ぶという時、勝つのは自分の判断によるランキングが、ゲーム参加者全員の平均ランキングに一番近い人である。つまり、ランキングの基準は、自分がどの人が一番美人と思うかではなく、他人の美の基準の——否、他人が、自分と同じように参加者平均の美の基準について、どのような推測をしているかの——推測によるものである」(John Maynard Keynes, *The general theory of employment, interest and money*, Macmillan, 1936. 邦訳は、『雇用・利子および貨幣の一般理論』塩野谷祐一訳、『ケインズ全集』第七巻、東洋経済新報社、一九八三年。ただ

し、右は筆者訳）

最近、素人のネット・ディーラーたちによるディ・トレーディングや、投機的操作を命とするヘッジ・ファンドも加わって、ひところの光通信、ヤフー、NTT株のように、事業内容とまったく無関係の投機的なバブルが生ずることが多くなってきた。二〇〇五年の秋、楽天が、「無理合意」なり、敵対的買収なりで、TBSを呑み込もうとした際、楽天の時価総額は純資産の一五倍で、TBSの方は、純資産のわずか二倍だったが、それが両者の実質的な企業価値を正しく反映していたとは思いがたい。

二、会計制度が高度な透明性を確保するように、事業内容の開示義務を会社に負わせ、かつあらゆる企業の情報を分析するのに充分な数のアナリストがいれば、真面目に長期的コミットメントをしようとする投資家は、いつでも企業の実態を把握できる。

——開示義務が徹底していたアメリカにおいて、エンロンは破綻する間際まで、アナリストたちの賞讃に浴していた会社だった。エンロン破綻がもたらした、アメリカの〝反省の秋〟の一環で、ニューヨーク市に起訴されて、多くの証券会社が軒並み重い罰金を科せられた——アナリストたちが自社の顧客である会社に、客観性のない、手ぬるい評価をしたという咎で。

三、人間は合理的な動物だから、敵対的買収にかかる人は、事前に、取引・手続きのコスト、仲介のM&A専門の証券会社への歩合(買収額の二、三%)、財務諸表には見えない被買収会社の資産が「蒸発」する確率(つまり、高度な技術・技能を持った従業員の「逃散」)、顧客の好意の喪失などを全部計算に入れたうえで、利益が上がることを見込んでおり、それまで非効率的に稼動していた資源をより効率的に使うのだから、社会的費用/便益の計算上もM&Aはプラスになる。

――実際には、買収者の合理性には限度がある。計算違いが圧倒的に多い。アメリカには敵対的買収の研究が無数にある。公開買い付けで株を高く売った人は得をするのだが、買収する方の企業の業績が、買収後必ずよくなるかというと、そうでない場合の方がそうである場合より多いのである。アメリカの敵対的買収の多くは、利益の計算によるのではなく、買収会社側の経営者の権力欲によって説明され得るという説を詳しく展開する論文もある(Ed Vos and Ben Kelleher, "Mergers and takeovers: a memetic approach", *Journal of Memetics*, vol. 5, 2001)。

四、いつ敵対的買収をかけられるかわからない恐怖におびえている経営者は、その「ムチ」のおかげで、よりよい経営者になる。

――むしろ、株価が下がらないように短期の利益を出すことに専念して、あまり長期にわたる企業の成長は考えないようになる可能性が高い。『読売新聞』は言う。「TOBに備えた対抗策の検討も必要だが、普段から株主重視の経営を心がけ、株価を高く保つことが最大の対策ともいえそうだ」(二〇〇四年一〇月一九日)と。株主のことをあまり考えなかった「日本的経営」の優れた特徴を賞讃した八〇年代の『読売新聞』は今いずこ。

二種類の企業と二種類の経済学

株主の費用/便益計算で決めるか、より広い社会的費用/便益計算で決めるか、社長追放の場合でも、敵対的買収の場合でも、「準共同体的企業」が普通である社会と「株主所有物企業」の社会とで答えはおおいに違う。その違いは結局、二つの対立する世界観、二つの経済思想を反映している。一方の新古典派経済学者の典型的な政策基準はだいたいこうである。

世の中には金持ちもいれば、貧乏な人もいる。そして自由競争の結果、その間のギャップが多少開いていっているかもしれない。しかし、それは、効率を高める経済システムを維持するために必要なコストである。効率確保のための最大の手段は、政府の介入を排除して、資源の配分(どこに投資するか、どういう人をどこで雇うか)の決定を競争的市場に任せることだ。経済効率が絶対的な価値であることは、わが国が国際経済の競争に勝ち抜くための必須条件であるからだけではない。効率をなるべく高めるような制度を維持しなければ、貧乏な人たちも今よりももっと貧乏になるからである。

他方、それに異論を申し立てる「非正統派」の経済学者には、新制度派、進化派、ポスト・ケインズ派など、さまざまなグループがあるのだが、総じて社会重視派と言えるだろう。新古典派に対する、最大公約数的な反駁はこういうことになるだろう。

「効率」とは財産、知能、技術的能力、政治的能力、ずるさなどに恵まれている人々にとって、大変都合のいい大義名分である。あなたがたは、「資源の効率的な配分」というが、本音、実質的な関心は、資本というひとつだけの資源の利回りであって、労働をする人の利益は二の次になる。否、労働収入を抑えれば抑えるほど、利回りがよくなる仕組みだ。我々の考えでは、より均衡が取れた、貧富のギャップがさほど開かないような社会を作ることを目指す必要があって、そうするのには、政府の規制が必要だ。社会が市場の自由競争を多少修正することが必要だ。その規制が、怠け者の既得権を守るための規制にならないように注意をしながら、競争の勝ち組が「全部を取る」ことができないように機能させなければならない。市民全体が「公平」と感ずる社会で働き甲斐があって働けることは、経済繁栄の重要な鍵でもある。

『日本経済新聞』を読んだり、政府の政策発表を聞いたりする限り、日本はますます〝正統派〟の新古典派経済学者の天下になりつつある。それに並行して、また多分にその結果として、「株主所有物企業」が一般形態になろうとしている。その所得分布・階層格差に及ぼす結果を第五章(特に表**4**)で、そして、その傾向を逆転させる可能性については第九章で、論ずることとしよう。

第二章　グローバル・スタンダードと企業統治の社会的インフラ

コーポレートガバナンス（企業統治）は、株主の代表である取締役会が経営者を監督し、不正や違法行為を防ぎつつ、利益を最大化していくように方向づけることだ。コーポレートガバナンスを実効性あるものとして確立するため、世界で主流となっている考え方が、ガバナンス（監督）とマネジメント（経営）の分離である……経営と監督の分担を明確にし、法令を遵守しつつ利益を上げて行くことが企業の社会的責任であり、日本企業がグローバリゼーションの競争に勝ち残るためにも必要である。（「GLOCOM Platform」二〇一号、二〇〇六年四月一七日）

若杉敬明東京経済大学教授はコーポレート・ガバナンスに関する政府や東京証券取引所の委員会の委員として、企業統治制度改革の方向づけにおおいに貢献してきた一人である。彼の基本的な姿勢は、以上の文章が示すように、「世界で主流となっている考え方」なら、日本もそれに順応する必要がある——という命題に要約できるだろう。それを自明の理とする。

経団連(経済団体連合会)の一九九七年九月一六日の「緊急提言」もこういう。

わが国のコーポレート・ガバナンスのあり方が、各方面で様々に議論されている。メガ・コンペティションの時代にあって、日本企業が二一世紀に向けて引き続き国際競争力を維持・強化していくために、グローバル・スタンダードに対応したコーポレート・ガバナンスが求められている。

日本では、「グローバル・スタンダード」は明らかに「アメリカン・スタンダード」だったから、ナスダック(アメリカの株式店頭市場)の暴落やエンロンの倒産によって、アメリカン・モデルにかげりがきてから、その言葉自体はひところほど聞かれなくなった。最近の経団連の宣言には現れない。しかし——もともとアメリカにおいてすら現実からかけ離れた理想であったに過ぎないにしても——グローバル・スタンダードに適応する必要性は、若杉教授のような改革論者の中核的信念である。前章で触れた会計制度の変革も、二〇〇二年の商法改正での委員会設置会社の導入も、若杉氏の「経営・監督分離」の実現への企業の努力(あるいは分離しているように見せかける努力)も、全部「グローバル・スタンダードだから」と正当化されてきた。

なぜグローバル・スタンダードか、と聞くと、ふつう簡単な答えが返ってくる。適応しないとグローバルな資本市場で外国の投資家に敬遠されて、日本企業が資金調達に困るなど、いろいろな面で日本が損をする。のみならず、日本が「世界のよき市民」としての義務を怠ることにもなる。損をするだけでなく、罪にもなる、と。

言うまでもなく、若杉氏が言う「世界で主流となった」グローバル・スタンダードは「株主所有物企業」を基準とするスタンダードである。経営・監視の分離も、株主の所有権行使の手段でもある。

この第二章のテーマは三つ。(1)果たして「株主所有物企業」が世界的に是とされている企業形態であるのかどうか、(2)企業形態は国によって、「国柄」に即して、違っているが、「国柄」のどういう点がその多様性を引き出しているのか、(3)具体的に「経営・監督の分離」論が「国柄」によってどう変わるか。

1　覇権の諸相

世界普遍な企業形態か

「株主所有物企業」はアングロ・サクソン資本主義の中核的特徴であるには違いない。英米の他に、カナダ、オーストラリア、ニュージーランド、インドの一般的企業形態である。日本の法制度も、実態はこれまでかなり異なってはいても、そのような企業形態を前提としている。アングロ・サクソン諸国では法律と実態がかなり密接に一致しているのが、日本と違うところである。

しかし、たとえばドイツでは、法制度としても実態としても企業は株主所有物形態をとらない。ドイツでは経営と監視を分離しているのだが、経営者の任免権を握っている監査役会は株主代表が半分、従業員代表が半分で構成されている(日本の監査役制度は一八九〇年代にドイツから輸入されたのだが……)。北欧の国々もだいたい似たような制度である。南ヨーロッパでは、従業員のかかわり方は株主と同格ではないが、その代わり、国家の役割がより大きくなっている。

文化的覇権の奇妙な力

「世界で主流になっている考え方」は空虚な概念ではない。国際的知的生産物市場が実際存在するし、それは金融市場や航空業界と同様、英語支配の市場である。

コーポレート・ガバナンスの一般理論を書いて、世界の同業者に読んで貰おうと思えば、経営学者、法律学者、政治学者は、母国語がドイツ語、イタリア語、日本語の人でも、英語で書く。コーポレート・ガバナンスに関する国際会議でも英語が使われる。

コーポレート・ガバナンス議論の世界が英語の世界であることは、母国語が英語のアングロ・サクソン国の人たちに覇権的な立場を与える。そして彼らの大多数が、「株主所有物企業」の正当性を疑問一つ挟む余地のない前提としていることは事実である。その意味で「世界の主流」だといえることは否めない。

したがって、膨大なコーポレート・ガバナンス論の文献は圧倒的に「株主所有企業」を是とする、いわゆる「株主価値論」を当然の前提としている。しかし、アングロ・サクソンの国でも、反体制派の学者・ジャーナリストはいる(巻末の推薦図書一覧参照)。主張はさまざまだが、総じて、「株主価値論」に対して、「ステークホルダー論」を対抗させる。「ステークホルダー」とは、ふつう「利害関係者」と訳される言葉だが、ステークホルダー論によると、企業は公器であり、経営者は株主の利益ばかりでなく、他のステークホルダー(従業員、債権者、顧客、下請け会社、地域社会)の利害も勘案して行動すべきだ、とする。

私は後者に加担することはすでに読者に明らかであろうが、そうかと言って、一九八〇年代の日本の「準共同体的企業」をそのまま保存すべきだ、あるいは取り戻すべきだと考えているわけではない。ステークホルダーの中で従業員が大事であることは確かだと思う。株主は、電話一本で自分と会社との関係を断ち切って、利回りのより高いところに投資を移すことが簡単にできるが、従業員にとっては、転職は生活をひっくり返すことを意味する場合が多い。コミットメントの度合いが違う。

しかし、ステークホルダーとして、従業員の優先順位が高いにしても、いくつもの例——古くは、水俣で、チッソが自らの工場の汚染が水俣病の原因だという説に強力に抵抗するのに、地域出身の従業員でさえ協力したような歴史から、最近の雪印や三菱自動車の隠蔽事件まで——が示すように従業員主権は「企業エゴイズム」に陥りがちだ。従業員利害絶対の企業も、株主利害絶対の企業と同様、弊害がある。第九章で、より充実した、ステークホルダー論に即した会社を実現させるためにどうするか、いくつかの提案をする。

覇権文化と覇権国家

コーポレート・ガバナンスの言論界がある一方で、他方には、コーポレート・ガバナンスを取り上げて、それこそグローバルなスタンダードを制定しようとする国際機関もある。中でも重要なのは「先進国クラブ」ともいわれるOECDが一九九九年に出した『コーポレート・ガバナンスの原則』(*OECD principles of corporate governance*)という報告書である。『原則』は、序文でこういう。

制度的枠組み、特に法制度や伝統の違いによって、コーポレート・ガバナンスへの接近が国によって違った形で発展してきた。しかし、適切なコーポレート・ガバナンス・システムの共通な点はひとつ、すなわち、株主――投資する資本が賢明に、しかも効率的に利用されることを信用して投資する株主――の利害に高度な優先順位を与えることである。（訳は筆者による）

ＯＥＣＤ加盟国の中で「株主所有物企業」システムではない国がむしろ大半だということを一応考慮して、「他の利害に優越する優先順位」とは書かずに、「高度な優先順位」と書いたのだろう。しかし、なぜ「投資が効率的に利用されることを信用して投資する株主」だけを挙げて、「（自分の）労働が効率的に、そして公平に利用されることを信用して就職する従業員」には触れないのだろうか。ＯＥＣＤの事務局においても、その『原則』を制定した加盟国大臣会議においても、アメリカの影響力が圧倒的に強いからである。英語の言論界においても、国際機関においても、アメリカが覇権を握っている。

『原則』が出される一年前に、『原則』作成作業の土台をなした六人委員会の会長を務めたのもアメリカの商法学者だった。その委員会は、コーポレート・ガバナンスの基本的な定義を試みることが、第一の作業だった。報告の中で、国による多様性は認めているが、定義になると、株主以外のステークホルダーは出てこない。

> コーポレート・ガバナンスとは、株主、取締役、および経営者という中核のグループの間の、会社の第一の目標を達成するための競争的パフォーマンスをより効率的に確保するための、諸関係およびそれに伴う責任の構成をいう。(*Corporate governance: improving competitiveness and access to capital in global markets: a report to the OECD*, by the business sector advisory group on corporate governance, 1998. 訳は筆者による)

そして、続いて、そこでの「会社の第一の目標」を解釈して、「長期的経済的利潤をつくること」とされている。

より価値中立的な定義

非常に偏った定義である。まず、従業員その他のステークホルダーがすっかり無視されている。二番目にはパフォーマンスだけに固執して、そのパフォーマンスの成果を分かち合う分配の面になんら触れていない。

そのような、英米法制に即した会社論に偏る定義よりも、より価値中立的な定義が必要だと思う。この本でコーポレート・ガバナンスという場合には、こういうことを意味する。

会社で働いたり、会社と取引をしたりする、株主も含むステークホルダーの間で、会社や、会社の代表と従業員が何をなすべきか、そして、会社の付加価値から誰がどのような分け前を受けるか、を決定する権力の配分を規制する諸制度。

そのような定義でさらに定義が必要となることとして以下がある。

権力　会社の規約・組織上与えられた機能ばかりでなく、より広い意味の力――たとえば訴訟を起こしたり、メディアに訴えたりして、会社の名声（今様の言葉を使えばブランド）を損なう力など――も含める。

制度　法律、会社の定款など明示的な制度ばかりでなく、社会規範、通常予期されている行動パターンなど、慣習上、ある程度しか制度化されていない制度も含む（特定の制度の拘束力は時代とともに「栄枯盛衰」する。一九五六年から二〇〇六年までの「春闘」の歴史がそのいい例）。

会社　新古典派経済学者の「会社バーチャル存在論」――会社を単なる無数の個人間の契約の総合体としてみる学説――はとらず、岩井克人氏が主張するように（『会社はだれのものか』平凡社、二〇〇五年）、会社が法人として契約を結び、社会的存在として従業員の忠誠の対象となりうる現実を認める「会社実在論」を正しいものとする。

何が問題か

ずるくなり勝ちな経営者をどうやって忠実な株主の従僕にするか、さまざまなステークホルダーの相対立する利益をどう調整するか、株主価値論をとるか、ステークホルダー論をとるかによって、中核問題が大いに変わってくる。一方では、経営者に株主の忠実な代理人となるインセンティヴをどう与えるかがポイントであり、他方では、多様なステークホルダーの間でどんな優先順位を当てるか、それに対応する責任関係をどう築くか、ということを決めなければならない。

ところが、その相違を越えて、共通の課題、いわば最大公約数の課題がある。第一章のはじめで、誰が悪い社長を追い出すかという問題を取り上げたが、むしろ、もともと悪い人が社長にならないようにどうやってすればいいかがより重要な問題であろう。

つまり、経営トップとして、どうやって、正直で、ダイナミックな人たちが選ばれるシステム――しかも選ばれてからも正直でダイナミックであり続けることを保証するシステム――をつくるか。これは、「会社は誰のもの?」という設問に対して、株主/ステークホルダー、どちらの答えを出す人でも中心的課題として認めるだろう。

経営トップに必要な資質は、「資産」と同じように、固定的な特性と流動的な特性に分けられる。固定的な特性には、情報収集力、消化能力、整理能力、発想の創造性、リスクとリターンを測って判断する能力などの知的な面と、「大物」「存在感」「人物」「カリスマ」「峻厳さ」

「人をひきつける力」などという曖昧な言葉でしか表せない、心理学者も分析に苦労する、人格の面とがある。

流動的な特性とは、その知的能力やリーダーとしての能力をどう使うかの問題だ。「正直でダイナミック」というときの「正直」は、良心的に会社のために使うか、あるいは自腹を肥やすために使うかの次元の問題——昔の三越、最近のエンロンで問題になった次元である。「ダイナミック」は、全力を尽くして働くか、あるいは怠慢にのんびりするかの次元を指す。

もし、ひとつだけまことにグローバルなコーポレート・ガバナンス原理を探すなら、「正直でダイナミックな経営者を確保する体制を整えるべし」ということだろう。

2　多様性の二つの軸

国柄

しかし、確保する方法は決してグローバルに一律なものではない。世界中の企業がひとつのグローバル・スタンダードに収斂していくことが必然的だという説がある。金融市場などを通じてそのような収斂が行われている兆候は確かにあるだろうと思うが、覇権文化の覇権性が一〇〇%になり、覇権国の制度が世界中に普及するのは、まだまだ遠い将来の話だろう(そのときの覇権国がアメリカであるか中国であるかも疑問だ)。当分は、国による制度の多様性は依然として大きいままであろう。

また、事実の問題から価値判断に移れば、多様性はおおいに歓迎すべきだと思う。各国の企業制度はその国の「国柄」に対応して違っていてしかるべきである――二つのまったく別な多様性の次元で。

ひとつは、政治的価値の問題。「株主所有物企業」は、新自由主義的な政治思想――すなわち個人の所有権を確固たるものとして、富の分配は自由市場における競争に任せることを是とする思想――と合致する企業である。「ステークホルダー重視企業」は社会民主主義思想――すなわち、個人の所有権はもちろん認めるが、その所有権行使の自由も、市場における競争も、結果の不平等があまり大きくならないように国家制度によってある程度規制されていることを是とする思想――と合致している。

もうひとつの多様性の次元は、例の普遍的コーポレート・ガバナンス問題――どうやって、経営者の正直さやダイナミズムを保証するか――へのさまざまな答えである。国民性、社会に潜在的に存在する「動機付け資源」は問題の一部であって、雇用制度がその資源をどう活用するかはまた別の問題である。「動機付け資源」という、不審と思われるかもしれない概念の話は後に述べることにして、まず、政治的価値・政治思想の問題を取り上げよう。

日本は新自由主義に転向したのか

一九八〇年代に中曽根康弘総理がロナルド・レーガン大統領と「ロン－ヤス」関係を結んで、当時のアメリカの新自由主義の主要スローガン――小さな政府、民活、規制緩和、悪平等是正、福祉国家再検討――を輸入して唱え始めてから、小泉・竹中路線の現在まで、二〇年間も一貫して日本で「改革」といえば、新自由主義的な改革を意味してきた。一九九〇年代半ば、細川政権から村山政権までの連立内閣時代でも、その大義名分には目立った変化はなかった。二〇〇五年の選挙での小泉派の勝利にはさまざまな要素があったのだろうが、とにかく郵政民営化一点張りの選挙戦で勝った。社会民主主義的観点から民営化反対の社民党・共産党は、票の一三％、議席の七％しか獲得できず、政策への影響力はほとんどなくなった。長年、議席の三分の一をとって、政策にかなり影響を与えることができた社会党が〝蒸発〟して、右左がはっきりしていた一九五五年体制の一・五大政党システムは今いずこ……。

伝統的に従業員重視の企業制度を持った(もうひとつの)社会であるドイツとは違いが大きい。社会民主主義者と自負して、総理大臣としての最後の演説で「我々はアングロ・サクソン資本主義から学ぶべきものはない」と言い張ったシュレーダー首相の社会民主党は、連立内閣に入った二大政党のひとつだし、サッチャー流のアングロ・サクソン資本主義を呑み込んだイギリスの労働党ですら、まだ、福祉国家の擁護など、伝統的な、国民平等を軸とする社会民主主義のかなり大きな部分を保持しようとしている。

しかし――大きな矛盾であるが――新自由主義の総論から各論、「小さな政府」や「民活」のスローガンから具体的な政策論争、建前から本音に移ると、日本には潜在的な政治的な価値としては、まだむしろ社会民主主義的な色彩がかなり残っていると思う。

まず、「平等」を考えよう。「結果の平等でなく、機会の平等こそ目指すべきだ」というアメリカ流の平等観がスローガンとしては飽きるほど繰り返される日本だが、「貧富の差を低減させるのに政府が責任を持つべきだと思うか」と問う世論調査の質問に対して、回答は賛成五二%、反対二一%で、三一か国の平均より賛成は少ないものの、アメリカの賛成三五%、反対三九%とは相当な開きがある(Malte Lübker, "Globalization and perceptions of social inequality", ILO, Working Paper No. 32)。二〇〇六年の春、いたるところで「格差社会」問題が騒がれて、東京地検特捜部長が、ひとつの操作で何億円を儲けることで有名だった、堀江・村上両氏の逮捕命令を出すと、「額に汗して」やっと年収四〇〇万円の人たちから「現代の鬼平」と喝采を浴びる。これらは一時的なメディア現象なのか、日本人の「不平等寛容度」がアメリカのレベルに接近する見込みがない証拠なのか、判断しにくい。

もうひとつ、関連してくる価値観は、いわば「生産主義」である。カネづくりよりモノづくりを貴しとする精神である。例の東京地検特捜部長、大鶴基成氏の就任時の言葉、「額に汗して働いている人々や働こうにもリストラされて職を失っている人たち、法令を遵守して経済活動を行っている企業などが、出し抜かれ、不公正がまかり通る社会にしてはならない」というセリフも、〝ホリエモン〟逮捕の時にそれが広く引用されていたことも、その精神の表れだと思う。五〇歳以上の人なら同感するだろうが、若い人の感覚は違うかもしれない。ブログの中に彼をこう馬鹿にするのもあった。「昭和三〇年代の日活や東映の映画に出てくる勧善懲悪的な考え方だ」(「Livedoore ニュース」http://www.news.livedoor.com/webapp/journal/cid_1728759/detail)。

バブルのとき以来、国立大学の物理学科など理科系の卒業生がメーカーに就職しないで、銀行や証券会社に入って株売買・為替売買のコンピューター・モデルをつくって大儲けをする道を選ぶようになったが、ネット証券会社の口座が二五〇万に達しているそうだ(述べ数であろうが)。今日では、「マネー・ゲームが経済全体にはびこってきている」云々という嘆きはさほど聞かない。経済産業省と文部科学省と厚生労働省が『ものづくり白書』(製造基盤白書)を出したり、経団連会長が「安易なお金もうけを売りにする雑誌記事」が氾濫する拝金主義風潮を弾劾する(『日本経済新聞』二〇〇六年四月七日)のだが、それで日本の伝統的な、メーカー賞讃の「生産主義」を防衛するに足るかどうかは疑問だ。

それでも、平等主義と同じように、アメリカに比べて、日本はまだアメリカの一九七〇年代の段階といえようか。

表**1**が一つの指標になるかもしれない。法人企業の総利益の中で、「金融業」に分類されている企業と、「それ以外の事業企業」の各々のシェアがどう変遷してきたかを示す。

表1　法人企業の純利益のシェア配分の推移

年　度	アメリカ	日　本
1948	金融 8：事業 92	
1970	金融 20：事業 80	
1980	金融 19：事業 81	金融 10：事業 90
1990	金融 24：事業 76	金融 17：事業 83
2000-04 平均	金融 40：事業 60	金融 27：事業 73

資料：USNA, Table 6. 16, http://www. bea. gov/bea/dn/nipaweb/TableView. asp#Mid
国民所得の要素別分配国民所得(http://www. esri. cao. go. jp/jp/sna/h17-nenpou/n80fcm 2_jp. xls)

動機付け資源

潜在的価値観が新自由主義的か社会民主的かという次元において日米の違いは、さほどはっきりしなくなってきているのかもしれないが、第二の「多様性軸」となると相違点が、よりはっきり現れてくる。

そもそも「動機付け資源」(インセンティヴ資源)とは何を指すのか。業績給も、年功序列給もそれぞれ人間の「精を出す」動機を前提としている。動機付けの効果——どれだけの努力を誘引するか、ならびにその努力がどういう目的に向けられるかという二つの面での効果——は、その対象となっている人間の性質・価値観による。

性質・価値観は、個々人によって違う。官庁、NGO、証券会社、メーカーはそれぞれ就職インタビューで自分の事業に合っている性質の人を探す。しかし業種ごとの多様性を超えて、ひとつの国で、同じ言葉を話して、同じことわざを使って、同じような家庭に育って、同じようなテレビを見て、同じような学校に通った人たちは、ある程度共通な性質・価値観を持っている（「格差社会」の懸念でもっとも深刻なのは、その相対的文化的同質性が、個人的な多様性の範囲を超えて、エリート／下流の二極へ分化することである）。

各国のそういう最大公約数的な性質・価値観の相違は、すなわち「動機付け資源」の相違にもなる。人間の心に潜んでいる、国別の特質は、宗教や哲学の教理や命題に反映されていて、またその教理や命題を形成するのにも働く。「性悪説」／「性さほど悪くない説」などは、そのいい例である。そういう説は、たとえその国特有のものであっても、往々にして、あたかも人類普遍の――自然な、生まれながらにしての人間の――「本質」についての説であるかのように説かれる。

ありがたい「アメ」と恐ろしい「ムチ」

コーポレート・ガバナンス・システムの性質は、そのシステムが使う動機付けによって特徴づけられる。最も簡単に言えば、何がありがたい「アメ」で、何が恐ろしい「ムチ」とされているか、そしてシステム制定者たちの判断で望ましいとされている行動にはどういう「褒美」が、望ましくない行動にはどういう「制裁」が与えられているか――によって規定されている。

動機付けは、ふつう、「内発的」と「外発的」に区別される。仕事に関しては、内発的動機の「アメ」はやりがいや、自己達成感、「ムチ」は良心の呵責。外発的動機の「アメ」は、金銭・賞讃・名声、「ムチ」は金銭的損失・処罰。

社長や役員の正直さ・ダイナミズムをどう保証するかという普遍的なコーポレート・ガバナンスの問題に戻ろう。「株主所有物企業」の国、アメリカでは、外発的動機付けに依存する度合いが非常に高い。コンサルタント会社タワーズ・ペリンの調査によると、社長の給料は平均して、固定給一一%、年次・長期インセンティヴ(すなわちボーナス)合わせて八九%になっている。後者の大きな部分は株主と利害関係を同一にするためのストック・オプションである。「ムチ」は、取締役会の指名委員会に解雇される可能性、報酬委員会に給料がカットされる可能性である。

それでダイナミズムを確保して、正直さは、刑事訴訟――エンロン倒産から四年目にもまだ続いており、弁護士たちに何億ドルもの儲けをもたらしているような刑事訴訟――で、ゆくゆくは刑事罰を受け、名誉がガタ落ちするかもしれないという恐怖を抱かせることで確保する。エンロン・ショックへの対応であるサーベンス・オックスレー法は、罰則規定の強化の他に、不正が確実に発覚する社内システムの構築を義務化している。企業内部で、利益にしわ寄せがいく可能性のある、あらゆる決定、あらゆる社内取引を記録して、その記録を、必要な場合いつでも外部検査に提出しうるように保存することを、投獄も含める罰則規定付きで要請している。そうして初めて、株主が経営者に対して義務不履行の訴訟を起こしたときに、それを裁くのに必要な資料が法廷に出されることが保証できるとされている。

そのような統制・記録システムの構築は、アメリカの企業にとって、そしてアメリカ市場に上場している日本企業にとって、大変な負担である。アメリカ企業全体の総費用は一・四兆ドルに上っているという推計もあるほどである（*The Economist*, 21 May, 2005）。大企業の場合、それに費やさなければならない延べ時間数は、二万時間から七万時間までとする別の推計もある（*Financial Times*, 14 Jan., 2005）。「人を疑う心」の完全制度化のコストはそんなものである。計理士の所得を増やし、計理士の「付加価値」として、国民総生産の数字を膨らますのだが、国民の福祉に貢献するかどうか。

しかも、コストは金銭的なものばかりではない。不正があった時に、犯人を特定できるようにするための制度でもあるのだから、「この支出を了承したのは私でなくてあなたである」証拠を求めておかなければ後で法廷で損をするかもしれないという意識で、日常業務を慎重に行う、不信感の強い雰囲気を社内につくる制度となる。日本の稟議制度も、もともとは同じように、個人的責任の発覚を容易にするために取り入れられた制度だったが、たとえば東京から鎌倉へ出張する旅費の請求書に一一人がハンコを押さなければならないようなことになると、上司が部下にハンコを預けたり、見ないで判を押したりすることになる。結局、責任はグループで分かち合うことになり、個人が一人で責任を持たなくてもいいことになる。会社で不正が起こった時に、テレビで頭を深く下げるのは、会社全体の代表取締役である。

緊張感のある、相互不信を人の日常の意識の前面に据える、「性悪説の制度」と、定期的に行われる「一応」のチェックをあまり意識しないで、日常あまり緊張感なく働ける、相互信用の雰囲気をつくる責任分割的、「性さほど悪くない説」の制度。どちらが、人をより正直に、そしてダイナミックに働かせる制度であるかという問いかけに対して、普遍的な正解を求めるのはまちがいである。むしろ、それぞれの国ごとに、どちらのシステムがその国の動機付け資源に合っているかと問うべきである。

文化・パーソナリティ・制度

「動機付け資源」の国際的多様性は三つの次元に区別できると思う。

（一）内発的動機（やりがい、自己達成感の追求、良心の呵責の回避）と外発的動機（お金、名誉の追求、処罰の回避）の相対的なバランス。言い換えればその両方の動機に訴える動機付けの相対的刺激力。

（二）外発的動機の中で、その「褒美」として、金銭と権力と名誉という三つの価値の相対的重要性のバランスがどうなっているか。「金銭」はいずれも同じ金銭とはいえ、一〇〇円の昇給から村上世彰氏が二〇〇五年秋にTBS株の売買で儲けた一三四億円まで、一様のものではない。「権力」も、一国の総理大臣や会社の社長になるから、四人しか部下を持たない係長になるまで、人が置かれている環境や事情によってさまざまだし、「名誉」も、もちろん、新聞やテレビでちやほやされて有名になることから、平のサラリーマンが同僚によく思われることまで、幅の広い現象である。しかし、生活目標として、その三つの次元の間の相対的なバランスはどうかという問いは、無意味な質問ではないと思う。

(三)「利己主義」対「思いやり」のバランス。以上のような動機は全部自分自身の満足・儲け・名誉などを目標とするのだが、自分の行動がそういうことへの考慮だけで左右されるか、それとも、そのほかに、取引相手や、同僚や、お客さんにどういうしわ寄せが行くかをも考慮に入れて行動するかどうかという次元である。

そのバランスと制度との関係は何かというと、(1)内発的動機付けへの偏り、(2)金銭より名誉への偏り、(3)「自己中心主義のみ」より「思いやりも」への偏りが、いずれも良心の働きをより強め、相互信用度をより高くする効果をもって、「それなりの制度」を生むはずだ。そして平均的アメリカ人と平均的日本人を比較すれば日本人には三つともそういう傾向が見られると思う。

「それなりの制度を生む」。しかし、(三つのバランスは)企業制度を決定する大きな要因であると同時に、どういう企業制度の下で働いているかによってそのバランス自体もおおいに影響される。弱肉強食的社会に住む人は弱い者の肉を食べる強者になろうとする。相互信頼の社会に住む人は、人を信用しがちである。

つまり、コーポレート・ガバナンス「改革」論者は、どういう会社を作るべきかばかりでなく、どういう日本人を作るべきかの主張をも唱えているのである。

3 動機付け資源の制度的強化

社長の座へのさまざまな道

そこで、企業制度の中で雇用制度——特に役員や社長になる過程——の重要性が浮き彫りになってくる。人がどういう過程で採用され、昇進なり、転職なりによってキャリアをどう形成するか、そして家庭・学校で育っていくとき、生計を立てるコースとしてどういう選択肢をリアルに予想するか——という、制度↓期待↓行動↓制度の循環的複合体によって、文化伝統が与える動機付けのパターンは、強化されたり、変更させられたりする。

早い話、どうしたら、大企業の社長になるか、日米の違いを考えてみよう。日本の場合は、まず、官僚型人事制度の中で一生暮らすことを苦としない人でなければならない(「苦とする」人がだんだん多くなりつつあるのは確かだが、これから一〇年の間に社長になる世代の人たちが若かったころは、少なかった。最近「苦とする」人が多くなったのは、どういう層の人であるか、一番優秀な人たちの中に多くなっているかどうかは、日本の将来を決めると思う。労働経済学者の最近の発明、「希望学」に大いに期待している)。

さて、大企業の官僚型人事制度を苦としない人で、学校で、なるべく偏差値を高くして、「格」の高い大学に入る。会社に入って、なるべく同期の中で将来性のある者という印象を上司や同僚に与えて、同期生より自分が一番先に課長補佐・課長になろうと競争する。しかし、競争相手を落とすような競争的姿勢なら逆効果。競争相手といかに協調的に働けるかを見せることによって勝つような競争だ(そこに官僚型昇進制度の妙味がある)。「優秀」「大物」という名声を培って、部長、平取、常務、専務など、階段を上るごとに、給料が「慣例の」一〇―一五%上がる。いよいよ社長に任命されるときも、同じ程度の昇給を得て、給料自体はあまり交渉の対象にならない。

ガルブレイスが『新しい産業国家』(都留重人監訳、河出書房、一九六八年)を書いた一九六〇年代のアメリカの企業も、管理職や経営者の給料体系は――日本ほど体系化されていなかったにしても――かなり似たようなものだった(そして、社長たちの給料も、今のように、従業員の平均給料の一〇〇〇倍以上ではなく、わずか四〇倍程度であった[Paul Krugman, "For richer", *New York Times Sunday Magazine*, 20 October, 2002])。ところが、それ以降、〈ヘッド・ハンター〉企業を媒介とする「経営能力市場」が大変な発達を遂げた。今や、大企業の社長のなかで、第一章の「チェーンソー・ダンラップ」のように社外から引っ張ってこられた者は三五％となった。

社長となるプロセスは何かといえば、まず取締役会の指名委員会と契約の条件をめぐって交渉をする。給料はいくら、ストック・オプションはいくら、業績ボーナスはいくら、年金への積立てはいくら、契約期間未了の解雇の場合の補償金はいくら、など。サインする前に、なるべく高く身を売ることは当然とされている。二〇〇〇年にバンク・ワンの社長となったジェイミー・ダイモン氏の指名過程を細かく研究したラケシュ・クラーナ氏によると、銀行側も、ダイモン氏側も、弁護士を立てて、五日間、交渉が続いたそうだ(Rakesh Khurana, *Searching for a corporate savior: the irrational quest for charismatic CEOs*, Princeton University Press, 2002)。

外部からでなくて、社内から社長になる他の六五％のアメリカ社長の誕生も、日本のような生え抜き社長の誕生とは重要な点で異なる。(1)社歴が五年、一〇年の人が多く、大学を出てからの生え抜きは少ない。(2)課長、部長などを経ていく、階段的な昇進ではなく、「抜擢」という概念も当てはまらない、「社内市場」でかなり激しい、勤続・年齢を問わない競争で勝ち抜いた結果として社長になる場合が多い。(3)給料、ストック・オプションなどについての指名委員会との交渉は外部から来た人とまったく変わりない。(4)社長になることは、キャリアを飾る最後の段階というより、自分の履歴書を充実させ、より大きな会社の社長となるための予備段階、いわば腰掛け、としている人が多い。

この違いを見れば、社長が正直でダイナミックであることを保証する方法として、日米が大いに異なっていることは驚くに足らない。すなわち、アメリカではストック・オプションをたっぷり与えたり、監視システムに隙をひとつも残さないような徹底さを確保したりするのを方法としており、日本では、普段は個々人の責任感と良心に任せ、信用しておいて、背任の疑いが出たときにだけ、調査して制裁を加えるような制度にしているのである。

ダイナミズムを起こす方法の違いとそのダイナミズムを発揮してどの目的に使うかの違い——株主の利益の最大化か、ステークホルダーのためか——とは理論的には別な問題だ。しかし実際問題として、経営者と株主が滅多に顔を見合わせない「株主所有物企業」にはアメ／ムチの制度、そして皆がしょっちゅう顔を見合わせている「準共同体的企業」に信用の制度が出来上がるのはむしろ自然な成り行きだろう。

とんでもない話だと、慷慨に満ちた見出しを好むメディアの人たちも含めて、コーポレート・ガバナンス改革論者は言うだろう。「日本の戦後の「準共同体的企業」システムは、普段は人の責任感と良心に任せ、信用しておいて、背信の疑いが出たときにだけ調査して制裁するような制度だとあなたは言うが、連続する不祥事を見よ。日本人にはもう良心なんてない」と。

私は、良心・信用システムを肯定する人生観を持つ者として、こう反駁したい。(1)犯罪統計をみると(企業重役の特別背任罪のまとまった統計はないようだが)、一般背任罪の統計は一九五〇年代からの減少傾向が今でも続いている。(2)アメリカでの背任事件の典型的なケースは会社や株主を獲物に私腹を肥やすケースだが、日本の不祥事は、(第一章の三越の事件や最近の日本経済新聞社の子会社をめぐる事件を例外として)典型的なのは、「会社のため」と信じて行った違法行為である。(3)どんなに一般的に性善説的な社会でも、少数の悪人はいる。「背信の疑いが出たときにだけ調査して制裁を下すような」ゆるんだ制度では、不正が見つからないことや、手遅れになってから見つかることなどが折々起こるとしても、それはその制度のコストである。そして、そのコストを避けようと、サーベンス・オックスレー法型の細かい監視システムに移れば、その行政費が嵩む他に、人のやりがいを損なう、相互不信の雰囲気をつくるという、別の、そしてより大きい、コストを蒙る可能性が高い。英語のことわざでは、「犬に悪い名前を与えると悪い犬になる」という。従業員はみな悪人である可能性が高いという前提で作られたシステムで働く人は、潜在的悪人というレッテルを貼られて、貼る権力に逆らいたくなったり、「システムに勝つ」楽しみを趣味としたりするなどして、悪人になる可能性が高くなる。

監視と信用　職場における規律確保のシステムばかりでなく、より一般的にも同じジレンマは起こる。経済学者も、特に文化覇権国アメリカの経済学者は、「人間＝狡猾な動物」論の普及にかなり貢献してきた。取引コスト経済学の開拓者O・E・ウィリアムソン博士の中核的な概念は「機会主義」である。制裁を受けないで人をペテンにかけてでも儲ける機会さえあればそれは必ず利用される傾向をいう。人間の普遍的な特質だから、取引における自己利益防衛のための唯一の方法としては、周到な契約、契約履行の絶えざる監視、契約不履行への制裁の準備、しかないとする。取引コストが嵩む理由はそこにある、と。

三〇年前、オイル・ショックの後で、三井造船の社長がある会議で、製鉄会社と、高炉の排気ガスを使って発電する技術の共同開発を始めた話をした。契約はどういう形を取ったのかと聞くと、「契約というか、紙半枚の合意書だけでした」と言っていた。全国に七〇校以上の法科大学院をつくって、弁護士の数を大量に増やし、日本の商取引を「近代化」しようとしている最近の日本の「改革」論者に言わせれば、三井造船のこのような、ずさんな信用取引は、とんでもない、原始的なものだと言うだろう。

罪と罰を重んじる「性悪説」と「性さほど悪くない説」との葛藤は、神学・哲学が生まれた三〇〇〇年前から続いている。キリスト教神学でいえば、『旧約聖書』の神のイメージに現われた世界観と『新約聖書』の神のイメージに現われた世界観。儒教でいえば、荀子の世界観(性悪説)と孟子の世界観(性善説)の違いである。それぞれの社会が、そのどちらに傾くかは、言い換えれば、その社会の「社会信用度の高さ」の指標である。社会信用度の高い社会はどういう社会かといえば、経営者、裁判官、役人、政治家など、責任の重い仕事を与えられる人々が、当たり前に、怠けもせず、ズルもしないで働くのは、褒美や罰とそう深い関係もない社会、慣用的に「妥当」とされている報酬さえ保証されていれば、主として自分が負わされている責任をちゃんと果たさなければ良心が咎めるから働く、といったような社会ではないかと思う。

もちろん、「相互信用度一〇〇％」の社会はない。いろいろな指数を総合して、一つの「相互信用度指数」をつくることができることを想定しよう。国によっても違うし、時代によっても違う。（フランシス・フクヤマ氏の信用論〔『「信」無くば立たず』加藤寛訳、三笠書房、一九九六年〕も勘案して乱暴な推測をしてみよう。一八九〇年のアメリカ、一九五〇年のイギリス、一九八〇年の日本、おのおの八〇点程度。二〇〇五年の三か国は、それぞれ、四〇点、五五点、七〇点だろうか。）

三権分立　いよいよこの章の冒頭に引用した若杉教授の「経営・監督分離絶対必要論」に戻る。コーポレート・ガバナンスの中心的課題は権力の配分だと書いたが、何をする権力かが問題となる。ガバナンス機能はおよそ三つに分けることができる。(1)戦略的計画・方針の制定、(2)計画目標を実際の個別の指示に翻訳して、計画を実行し、日々出てくる問題の解決を図ること、(3)会社の人々の実際の行動を監督して、結果的に指示に従ったか、戦略目標や法的規制に合致していたかを確かめ、足りないところ、脱線しているところを改めること。言い換えれば、(1)戦略作成機能、(2)執行機能、(3)監視機能である。

主たる問題は、まず執行機能と監視機能はどれだけ分離されればよいか、そして戦略作成機能は、執行機能と合わせた方がいいのか、監視機能と合わせた方がいいのか、である。

アメリカの「株主所有物企業」なら、答えは簡単である――分離は是非必要。執行機能は経営者、監視機能は経営者よりも株主に忠実であるはずの社外重役、戦略作成機能は、もちろん経営者のアドバイスも受け、最終的な決定はオーナーの代表である社外重役がすべし。

その理論的根拠は三権分立論と同じである。アメリカのように立法権、行政権、司法権の分離をやかましく言わなくても、行政権と司法権の分離だけは民主主義政治の不可欠な要素である（最高裁が総理や閣僚による靖国神社参拝や自衛隊の存在の合憲性についての上告を必ず何らかの口実で門前払いするような日本においても、イラク戦争の合法性を大法官が証明したイギリスでも、完全に分離しているかどうかは問題だが）。国家というマクロ政体のその原理は、会社というミクロ政体にも当てはまるとされる。それを裏付ける理論――一七四八年に三権分立論をはじめて説いたモンテスキューの理論――はアクトン卿の名言に要約されている。「権力は腐敗しがちである、絶対的権力は絶対的に腐敗する」と。

「性善説」の国の少数悪への対応

執行機能と監視機能を「分離する必要がない」とはっきりいう人が今の日本にはいないようで、若杉教授の説はほとんど常識になってきたが、第四章で述べるように、実質上、執行・監視の分離を徹底している会社は、非常に少ない。それもそれでいいと思う。顔見知りの仲間から成っている企業は国家とは違うのだから。

そうかといって、経営者の「責任感と良心に任せ、信用しておいて、背信の疑いが出たときにだけ調査して制裁するような制度」には、調査すべき疑いを嗅ぎ出す制度も必要である――会社であろうが、囲碁協会であろうが。ある程度まで「人を疑う心の制度化」が必要だ。どういう制度かというと、いざ、悪人が出たときには機能するが、普段は、人を信用している証拠として形式的にしか機能しないという、なかなかバランスが微妙な制度である。

その点で公認会計士の役割は重要なのだが、最近の日本では、会社との「腐れ縁」ができないように、法律や公認会計士協会の新しいルールによってその機能が強化されてきた。また、戦後日本の「準共同体的企業」の監査役人は、地位も低すぎ権限も弱すぎたとして、二〇〇五年から、大きい会社には、社外監査役を含む、権限を強化された、監査役会の設置が義務付けられた。

なお、金融庁の企業会計審議会の内部統制部会、および自民党の企業統治委員会が、サーベンス・オックスレー法ほど「人を疑う心の制度化」ではなくても、(金融庁の委員会の言葉を借りれば)「何か国際的にも説明可能で」「証券市場に対する内外の信認を高める」ような内部統制システムを求めた(その「国際的に」云々をみれば、グローバル・スタンダード論者の中にも、実質より外国への見せかけの方に関心のある者がいるということだろう)。結局どうなったかといえば、会社法規則で、(罰則なしで)取締役の「職務執行にかかわる情報の保存」のためとか、「リスク管理」のためなど、いくつかの「業務の適正を確保するための体制」をつくることを要請している(規則九九条)。他方、金融庁の方で、有価証券報告書の規則で、内部統制をちゃんとやっているかどうかを報告させることにした。まず会社が「財務報告に虚偽が出るリスクを十分評価できる」統制システムをつくる。そして社長が、そのシステムが「全社的に機能しているかどうかについて先ず心証を得た上で」、「内部統制報告」を作成して、有価証券報告書に添付する。ここまでは、アメリカと同じだが、アメリカでは、公認会計士がさらにその社長の報告が本当かつくり話なのかを細かく質さなければならない。日本ではそこまで「人を疑う心」を制度化したくなかったようだ。

その程度のチェックなら、無駄なコストはさほどかからないし、経営者たちの働く意欲をあまり害さないだろう。だが、「改革」論者が言う「必要な緊張感」をもたらすかどうか。

また、日本で、上述のアクトン卿効果への対策として、社長の任期を通常四年としていることも大事である。二期務めるのは、社内で「この人でなくては」という意見が支配的な場合だけだという慣習も大事であろう。もっとも、社長が鉄面皮で、強引で、無理に残るケースもたまにある。それも、責任感・良心に任せる制度のひとつの必然的なコストであろう。

いずれ、コストのかからない完全なシステムはない。T・S・エリオットというイギリスの詩人の言葉だが、「誰も善人である必要もないほど完全無欠なシステム」への憧れは、「性悪説」世界の習性である。

第三章　どこに改革の必要があったのか

1　改革機運はどこから？

二〇〇五年の秋から景気が少しよくなり、日銀の短観(企業短期経済観測調査)で楽観的見通しが普及しはじめると、株価がかなりの勢いで上昇しはじめ、マスコミが「日本経済回復」を宣言した。すると、肩身の狭い思いをしてきた「日本的経営」の代弁者たちが少し声を高くするようになった。しかし、バブルのころに比べるとまだ弱々しい声である。日経指数ばかりでなく、日本人の〝自信指数〟も右肩上がりだった一九八〇年代のあのころを懐かしく思い出す人が多いだろう。日本のビジネスの代表が国際会議に出かけて、長期的戦略、従業員協調、合議的意思決定などの点において、日本的経営がいかに優れているかを宣教師まがいに披露して、アメリカのビジネス・スクールでも「日本モデル」の美徳が礼讃されていた。そのころに比べると、二〇〇六年現在の雰囲気はまだ控えめ。バブルの後遺症や、いわゆる「失われた一〇年」による国民的自信の喪失がそう早く直るものではない。

自信喪失、そしてその半面にあった元気なアメリカをモデルと仰ぐ傾向が、日本におけるコーポレート・ガバナンス・システム改変の動きの根本的な原動力だった。その改変が果たして必要であったのか、企業の効率性を大きく改善したのか、そしてその改変が最近の景気回復に貢献したのかどうかというと、私は非常に懐疑的である。

非常にラフな対照だが、過去一五年間の日本の経済については、二つの物語がありうる。

物語1　バブルの後遺症からの回復が遅く、経済の低迷が続いたのは、主として、日本の企業が効率に欠けて競争力を失ったためである。治療策として、規制緩和による国内競争の激化、リストラの断行、機能不全になっていた企業ガバナンス・システムの改善などを通じて、企業の体質をよくしたおかげで、ようやく景気回復が可能となった。経団連の奥田碩会長の二〇〇六年の新年メッセージにあるように、「日本経済は、ようやく曙光を見出せる局面に至った。企業による経営革新の努力に加え、構造改革に向けた小泉総理の情熱と国民の旧弊打破への意思がこれを可能にした」(二〇〇六年一月五日)と。

物語2　経済の低迷は、供給面における企業の体質というミクロ構造の欠陥によるものではなかった。主として総需要不足というマクロ経済的な原因によるものだった。当初はバブルの後遺症、一九九〇年代の後半からはデフレおよび金融危機がもたらした消費者の将来見通しへの不安からの買い控え、および企業の投資する意欲・自信の喪失がその需要不足の根本的原因であった。企業のリストラには技術や市場の長期的変化への長期的対応という面ももちろんあった(戦後絶えず繰り返されたリストラと同様に)。しかし、今回のリストラの深刻さは、主として不景気に対する一時的な対応で、基本的な企業体質の変革に至るものではなかった。コーポレート・ガバナンスの改変もパフォーマンスへの影響は少なかった。二〇〇〇年代の前半、「失われた一〇年」の間を通じても依然として技術革新力は培われていた。それを土台に、主として輸出需要に牽引されて、いよいよ繁栄しだしてくると権力や収益の配分構造はかなり変わった。しかし、日本企業の効率性や競争力は、体質的に、日本的経営が礼讃されたバブル時代の形態とさほど変わっていない。

もっとも、その「権力や収益の配分構造」の変化こそがまさに「基本的な企業体質」だといえないこともない。付加価値はそんなに上がらないのに、利益だけが膨張し、株価がそれに呼応して、上昇一方通行になった(奥田経団連会長が株価バブルの懸念を表明するほど)。同時に、賃金が抑えられて、消費があまり伸びないで、景気の継続性について疑問を投げかける経済学者が多い。両方とも配分構造の変革の結果である。

前者の物語は、『日本経済新聞』、英誌『エコノミスト』、竹中平蔵大臣など、新自由主義の「改革」論者の物語である。私は後者の物語の方が正しいと思う。

2 自信喪失と重なった要因

自信喪失時代を、いわば利用して、改革機運が強化された要因は他にもあった。そのうちでもひとつ重要なのは、「洗脳世代」というと言葉が悪いかもしれないが、一九七〇年代、八〇年代に官庁や大企業の若手従業員として、アメリカに派遣留学をして、MBAやPh.D.を取得して帰ってきたかなり大勢の人たちの存在である。彼ら／彼女らが、いよいよ係長・課長補佐・課長あたりのポストにつき、官庁(特に大蔵省、通産省、法務省)、政権与党、そして民間企業、経団連などの財界団体、大新聞、大学の経済学部、政府審議会などにおいてその影響力を「臨界質量」にまで高めたのは、九〇年代であった。

洗脳世代の到来

冷戦時代にアフリカで流行った冗談だが、「息子を反米分子にしたかったらアメリカに留学させよ、反ソにしたかったらモスクワに送れ」と言われていた。その原理に従って、留学経験の結果、アメリカの制度こそを「近代的国家の本来の姿」とする前提に立つアメリカの大学における教育に反発して、アメリカ社会に対して非常に批判的になって帰ってきた日本の留学生も中にはあった。けれども、ＭＢＡやPh.D.を取ってきたアメリカ帰りの人たちの大半が、アメリカ流の社会科学を丸呑みにして帰った。こういった人たちは、〝生粋の〟新古典派経済学者、アメリカ流所有権絶対主義の法学者になった。コーポレート・ガバナンスに関する一九九〇年代、二〇〇〇年代の法「改正」は、そういう人たちによって推進されたのである。

外資系投資家の日本買い

バブルの最盛期には外国投資家も参加していた。しかし東証上場企業の株の五、六％程度しか持っていなかった。一〇年経ったら、二〇〇〇年の平均で一九％に、二〇〇六年には二四％に増えていた。しかも大企業——日本の規範設定にもっとも有力な大企業——の株を集中的に買っていた。二〇〇五年の三月から九月までの間に外国人が株の三〇％以上を持つようになった企業の数は八五から一〇三社に増えている（『日本経済新聞』二〇〇五年一一月一三日）。外国投資家の売り買いはかなり激しいので、株価の形成に対する影響は大きい。ソニーのように外国人が株の五〇％近くを持っている会社は特にそうだが、日経平均全体の動きを決定的に左右することもあった。日本人の個人投資家がおおいに活躍しはじめた二〇〇五年の秋になると、いわゆる「出来高」（つまり株売り買い取引の総額）の中で外国人の売り買いが占める割合は、その持ち分と比例する程度におさまってきたが、二、三年前の低迷期には出来高の五〇％を超える月もあった。

「外国人」といっても、ほとんど外国法人、つまり金融機関であって、国籍からいうと、アメリカが、他を圧倒するナンバー・ワン。個々の企業のガバナンスに対する、その外人株主「攻勢」の影響については後(第五章)に述べるが、一九九〇年代のコーポレート・ガバナンスの法的枠組みの改変に対してもその影響は並大抵のものではなかった。在日アメリカ商工会議所の金融部会が日本政府に対して、改革を促進する、公表もされた勧告書を連発したばかりでなく、同部会およびアメリカ大使館の商務部が、自民党政策審議会の商法部会、および最近できた企業統治部会に個人折衝することもかなり頻繁であった。

以上のように、コーポレート・ガバナンスの変革は、主として国民的規模での自信喪失、アメリカ流MBAやPh.D.取得者たちの世代交代、外資系機関投資家の襲来という社会的・政治的な要因によるものと思う。もちろん、「改革」論者はそれを否定する。変化した経済環境への「合理的な対応」だというのである。

改革論者の常套句

どういう変化であり、なぜ合理的なのかと問うと、多くの場合、答えは各論のない総論的な断言という形をとる。総理大臣の所信表明に頻繁に出てくる場合が特にそうだ。たとえば、二〇〇〇年四月七日の森総理の発言。

戦後のわが国の驚異的な発展を支えたシステムや「ものの考え方」の多くが、時代に適合しないものとなっております。

あるいは翌年五月七日、小泉総理が、「痛みを恐れず、既得権益の壁にひるまず、過去の経験にとらわれず、「恐れず、ひるまず、とらわれず」の姿勢を貫」いての改革に乗り出したのは、「日本は、目覚ましい経済発展を遂げ、生活の水準も飛躍的に上昇しました」が、「これまで、うまく機能してきた仕組みが、二一世紀の社会に必ずしもふさわしくないことが明らかになって……」と言った場合などである。

経済学者となると、もう少し具体化してくる。たとえば、

日本型企業統治は、近年むしろ過剰投資の誘発あるいは必要とされる事業再組織化の遅れを深刻化させ、一九九〇年代の長期停滞の一因となっているとの見方が有力となり、株主重視の経営、アングロアメリカ型の企業統治への転換の必要が主張されている。(財務省財務総合政策研究所「進展するコーポレート・ガバナンス改革と日本企業の再生」二〇〇三年六月二〇日)

少し漠然としているが、同じ研究所のもうひとつの報告書「日本型経済システム再訪」(二〇〇二年六月二五日)の言葉を使えば、「七〇年代までは経営の自由度や安定性を高め、長期的な

視野に立つ経営を可能とすることで成長促進的に機能した」日本的経営がなぜ「負の面を表す」ようになったのか、の分析には、一応、真面目に検討するに値する論法もあった。その主なものとして四つ挙げられている。

(1)続発する不祥事

(2)内部昇進経営者の決断力の欠如

(3)過剰投資・資本効率の低下

(4)株主の軽視・利回りの低さ

以下に、各々検討しよう。

3　日本的経営の四つの欠陥

不祥事

ある論者がこう言う。「高度成長期から一九八〇年代半ばまでは、日本はメインバンクや株式持合を中心とするインサイダー型のコーポレート・ガバナンスが有効に機能していた。しかし、バブル期には金余り現象やマネーゲームの氾濫により、経営者の責任感覚や企業間の緊張関係が弛緩し、インサイダー型のコーポレート・ガバナンスの欠陥が目立つこととなった」(田中正継「日本のコーポレート・ガバナンス——構造分析の観点から」、経済企画庁

経済研究所「視点シリーズ」第一二号、一九九八年三月）

ひとくちに不祥事といっても、内容的に二つのまったく異なるタイプに分類できることには、すでに前章で触れた。一方はバブル期の不祥事、あるいはエンロン型の不祥事——一部の住専（住宅金融専門会社）や銀行経営者および官僚の私腹（あるいはその友人や恋人の腹）を肥やすタイプの不祥事で、他方は倒産しそうになった会社を必死になって救おうと、粉飾決算をして株主を欺くという、山一證券のような不祥事である。コロンビア大学のヒュー・パトリック教授の頓智だが、「アメリカの経営者は会社から泥棒する、日本の経営者は会社のために泥棒する」。

「会社のため」には、大別して、総会屋をなだめるためと、倒産を回避するための粉飾決算ギャンブルと、その他の法律違反の三種類があるが、粉飾決算のタイプが多くなるのは、長期にわたる不景気で、倒産寸前の企業が多いときには、むしろ当然である。もうひとつ、株主ではなく、顧客や政府を欺く——雪印や三菱自動車のような——ケースも不景気の逼迫した雰囲気によるところがあったのかもしれない。

それらのタイプの犯罪にしても、会社を犠牲にする犯罪にしても、最近、日本的経営最盛期の時代より特に多くなったという統計的な裏付けはないと思う。過去には、水俣訴訟のような、歴史に残る事件も起きている。いずれにしても、「インサイダー型のコーポレート・ガバナンス」が不祥事を多くするという説に説得力はない。イギリスでは、何か不正を犯した疑いが生じたとき、大変カネのかかる刑事訴訟より、「五年間、会社役員として着任することを遠慮する」という誓約をさせるのだが、そう誓約をせざるを得なかった人のリストが公表されている。それに載った人は、一九九三年度の三九九人から、当該予算が倍にされた一九九七年度には一二六七人にまで上がった。

決断力が足りない経営トップ

「日本の企業は、内部成長の結果かなり多角化していますが、複数事業分野の何をやり何をやらないかという戦略的な決定には日本の内部決定システムは適していない。どうしても既存事業や従業員にバイアスのかかった決定に陥ってしまう。それを防ぐためのチェック機能を入れるためには、資本市場（つまり、敵対的買収の脅威）や社外重役によるモニタリングが重要だろう」（伊藤秀史編著『日本企業 変革期の選択』東洋経済新報社、二〇〇二年）

これは、もう少し説得力のある批判である。本来ならば赤字を出している部門を切り捨てるか、他社に売ってしまうかするべきところ、大量の人員整理や、さもなければ「うちの社員」を出向で島流しにする事態を避けたいがためにそれを躊躇するということは、利益を低下させるに違いない。「株主所有物企業」であれば非効率的であることは明らかだ。「準共同体的企業」であっても、長期的には、会社が赤字を出す部門を抱えて、繁栄できる部門にさえ充分な投資ができなくなれば、会社の従業員全体の将来も危うくなる可能性が充分ありうる。したがって、どちらの観点からも、有意義な批判である。

二〇〇四年の秋に、経済産業研究所の協力の下で、会社の部長・課長級の管理職にアンケート調査を行った(仔細については本章末の注を参照)。質問の一つとして、伊藤秀史氏の著書の右の文章を引用したうえで、「貴社の過去十年間の経験を考えた場合、廃棄すべきだが廃棄しなかった部門、あるいは、清算すべきだが本社から続けて援助をした子会社の例がありますか」と聞いた。「ある」と答えたのは六四％だった。そう答えた人にさらに、四つの項目を挙げて、経営者が躊躇したのはどういう理由によるものだったと思うかと聞いた。その四つとは、以下であった(複数回答可)。

(1)その部門や子会社が黒字に転ずる見込みが十分あった

(2)労働組合の反対

(3)その部門の人たち(子会社に出向している人たち)への配慮

(4)せっかく投資した資産を切り捨てることへの未練

「切り捨てるべきだった」という判断はいつも後知恵で、選択しなければならなかった当時は将来が見えていなかった場合が多いということは、前の問いで「ある」と答えた人を一〇〇とすれば、四三％が「黒字に転ずる見込みが十分あった」という項目にチェックしたことからわかる。

さて、かなりはっきり将来見込みがなさそうな場合、〝死刑宣告〟の躊躇は何によるのか、四つの要因の中で該当するものをチェックしてもらった。最も多く選択された答えは最後の「せっかく……未練」だった(八一%、同じく前の問いで「ある」と答えた人を母体として)。その次は従業員への配慮(同七〇%)。組合のせいにしたのはわずか一一%だった。これは、一般的に労働組合の力が低下している――組合がものわかりよすぎるようになってきた――ことを物語っているのだろう。

ここで必要になってくるのは、社会的費用・便益計算である。短期利益最大化を至上命令として、躊躇なく不振部門を閉鎖するような経営の国は相当な失業問題を抱える。経団連会長の奥田氏も二〇〇六年の日本経団連主催の労使フォーラム(一月一二日)で言っていたように、バブルの後で「日本企業がアメリカのようにどんどん社員を解雇すれば、経済が活性化するどころか、失業率が一気に一〇%以上に跳ね上がって、深刻な社会不安が発生」したであろう。「社会全体がメルトダウンしかねない」状態になったはずだという。

多角経営・コングロマリット礼讃の時代が過ぎ去って、コア・コンピタンスへの努力集中が経営論のグルたちにとっての新しい〝万能薬〟となった。特に技術の変革が激しく、一つの特許で特定の部門における競争相手内での比較優位が短期間で逆転しうるような世の中においては、スリム化も、部門の売却・購入も、合理的な政策である場合はもちろんありうる。一般的に、そういうリストラの断行の際に、日本で、過剰になる人員や転籍させられる人員への配慮が、他国に比べれば忘れられていないことは、まだ事実だ。そういう事実を、日本の経営者は誇りにしていい。にもかかわらず、誇りにするどころか、赤字部門を即時に切り捨てるなど、決断力の大見えを張りたい社長が――もちろん全員ではないが――多くなっている。

一九九九―二〇〇〇年ごろ、電機産業の大企業が、まるで首切り競争をしているかのように、次々と大量人員整理計画を発表した。これらによって、ゴールドマン・サックスやソロモン・ブラザースのアナリストたちの喝采を浴びて、株価が上昇した。経営戦略――少なくとも見せかけの経営戦略――がいかにして外国機関投資家に迎合するようなものになっていったかのいい例である。それが真の戦略であったかどうかは別問題。一九九九年に日立の新社長が就任にあたっての公約として、日立の売り上げの二割に当たる部門の売却を含む利益増強化計画を発表した。彼は、二年後には「事業部売却は思ったほど簡単ではない」ことを嘆いて、約束不履行の詫びをする羽目に陥った。

過剰投資と資本効率

一九八〇年代の半ばから資本の生産性が低下する一方であったことも、日本的経営の効率性損失の根拠とされている。数字としてよく挙げられるのは、産業投資率と収益率の比較である(たとえば、前田栄治・吉田孝太郎「資本効率をめぐる問題について」『日本銀行調査月報』一九九九年二月)。すなわち、投資が増加すれば収益がどのくらい増加するかの指数である。

ところが、収益＝利益は、資本をどれだけ効率的に使ったかという単純な指標ではなく、簡単な式でいえば、

収益率＝資本の生産性×資本配分率

となる。

つまり、こういうことである。企業がつくる価値の総体を「付加価値」という。すなわち、企業が持っている資本（設備など）を使って、そこで働いている人間が、買い入れた原料、電気、下請けからの部品などを加工して、どのくらいの価値をそれに付加したかを指す（最も簡単な計算方法は、売上高から、買い入れたものやサービスの費用を差し引くことである）。その付加価値の一部が従業員の人件費に、一部は税金に、一部は債権者への利子に当てられて、残りがいわゆる資本シェア、つまり、配当・内部留保などに当てられる、株主の収益となる。

したがって、新しく投資された一億円がどれだけの効果を挙げたかを知りたかったら、付加価値の動向をみるべきなのであって、付加価値の中から株主に宛てられた分が下がったか上がったかを見るべきではない。

そのような「資本の限界生産性」を総体で見るもっともラフな方法は、GNP（国民総生産）

における投資率および成長率の関係を見ることである。経済史家の一般常識だが、経済が成熟すると、限界資本生産性が低下する。日本では、それが特に顕著であった。なぜかというと、長年、世界の技術革新から遮断された後の一九五〇―六〇年代は、設備投資の内で、画期的な生産性上昇をもたらす輸入技術を体現した割合が大きかったので、成長率も資本効率も特に高かったからである。一九五五―六〇年には、一〇〇円投資すれば、GDP(国内総生産)が七五円ぐらい上がった。それが一九六〇年代を通じて、六六円まで減った。一九七〇年が分岐点となって、その後は、七五―七九年の平均三三円を最高に、一九八〇―八五年の二三円を最低に、一九六〇年代の半分くらいの間を推移してきた。

とはいえ、一九八〇年代を通じてたとえ株主資本利益率(ROE)は低下しても、資本の生産性は低下してなかった。**表2**は製造業だけの数字だが、八〇年代の前半・後半を比較している。両期間――第二次オイル・ショック後の一九八一年および円高不況の一九八六年――は、付加価値が下がった年を含んでいて、一年、一年の投資とその各々の翌年の付加価値増加率を比べるのはあまり意味がないのだが、五年単位であれば、資本の生産性の傾向がほぼ見えるはずである。前半から後半へ、投資(**表2**のC/A)は三六%上がったのだが、成長率(同、D/B)は六四%上がっている。長期的な資本効率低下の気配はない。

もっとも、後半の成長率加速には、投資の効率というより、資産インフレがもたらした異常

表 2　株主資本利益率と資本の生産性の推移

期　間	累積設備投資額（ソフトウェアは除外，百億円）	期間中付加価値増加率
1980-84(A)	5181	
1981-85(B)		18.8%
1985-89(C)	7050	
1986-90(D)		30.8%
C/A	136%	
D/B		164%

資料：財務省法人企業統計，製造業，全規模

な需要への刺激が働いていた。バブルが膨らむと、投資意欲が狂ったみたいな勢いでのし上がり、投資額が一九八八年の一五兆から、九一年の二三兆に至っている。とはいえ、経営戦略の質を問うなら、バブル破裂後の調整はわりに早かった。九三年度には一五兆に戻っている。

経済の成熟度と資本効率との一般関係以上に、日本の「準共同体的企業」は特に「必然的資本効率低下」の傾向があるという非難からは免れられると思う。

もうひとつの非難はこうだ。バブルが起こったこと自体、「準共同体的企業」の株式持ち合いのせいである、と。売買可能な株が半分くらいしかなかったために株価上昇率が肥大化された、と。しかし、持合制度があろうとなかろうと、アメリカのナスダック・バブルや不動産バブルが示すように、バブルはカジノ資本主義には付き物で、日本でバブル経済を致命的なスケールにまで至らせた罪はどこにあったかというと、むしろ金融政策の方にあった。

資本効率について、最後の一点。貯蓄率が高くて、資本が安いところで、資本をたっぷり使うのは合理的でないこともない。「準共同体的企業」の資本の使い方には三つの特徴がある。

（一）一〇万にひとつという率で起こるような欠陥をなくすために、品質の完璧度を高める投資――欠陥品の直接コストをなくすことだけを計算すれば、生産性の低い投資だが、ブランド価値を高めるという長期戦略としては正当化されうる。

（二）なるべく3K作業をなくすための投資。これは、従業員の働く環境を改良して、結果として働き甲斐が増し、生産性をも高める場合がありうるが、そうでなくても、従業員の苦痛削減への対応として正当化される。

（三）英語で over-engineering ともいうが、昔の儒者が非難した「新奇を好む」精神は、「ものづくりの国」の技術屋には付き物だろう。その精神を満足させる「過剰」投資は、直接の利回りからは正当化できないだろうが、技術屋のやり甲斐とも関係するかもしれないし、経済学者が罪とするにしても、軽い罪だろう。

株主の軽視

「準共同体的企業」に対する最も声高な非難、最も憤慨を込めた非難は、株主を軽視していたということだった。たしかに、年々、利益の大小にかかわらず、株式の額面金額の一定のパーセンテージ（ふつう一桁）だけを支払う安定配当政策は、株主を、銀行や社債所有者と同じような「会社の外」の債権者として扱っていたのであって、会社の所有者として扱っていたのではなかった。その意味で、アングロ・サクソン国の「株主所有物企業」に比べると、たしかに軽視していたと言える。

しかし、一九八〇年代を通じて株主への利回りがどんどん低下して、株価利益率が世界未曽有の八〇台にいたった——すなわち、平均企業の時価総額が一年の利益の八〇倍になって、利回りが〇・四％ぐらいになった——のは、企業の責任ではない。投資家が度を知らない勢いで買い続けたからである。

なぜ、「株主をなおざりにする企業の株など買うものか」とは言わないで、われもわれもと株を買い漁ったのか。答えは明らかである。会社が払ってくれる配当が目当てなのではなくて、キャピタル・ゲインが目当てだったからである（その一応の合理性については、第一章二〇ページのケインズの美人コンテスト説参照）。

バブル期には資産インフレがハイパー・インフレにかかったが、戦後四〇年間も、株価は、景気によってかなりの変動があったにしても、長期的傾向としては明らかに右肩上がりだった。一般の物価より、そして企業の実質的資産より、速いテンポで上昇した。「配当が低くても、キャピタル・ゲインは保証されている。だから得になる」ということは一般常識となっていた。土地保有と同じ構造だった。長期的株保有・土地保有の合理的理由であったその戦後の緩慢な資産インフレ時代が、バブルで終わった。

バブル破裂後、株価の永久上昇神話が崩壊して、キャピタル・ゲインの見通しが、少なくとも二〇〇五年の秋まではつかなくなった結果、株主が企業の収益に、そして自分がもらう配当に、より関心を示すようになったのは、当たり前だろう。

したがって、今までの株主軽視は、資金調達の必要から、持続不可能になったといえば、そうかもしれない。しかし、第五章の表**4**に表れた株主重視への決定的な傾斜が資金調達の必要から生じたのかどうかは——二〇〇一－〇四年の四年がゼロ金利の四年であったことも考えれば——大いに疑問である。

もうひとつ、不確実性の高い要素ではあるが、「配当が低くても、キャピタル・ゲインは保証されている」という神話が二〇〇六年前半には復活したようだ。それもどれだけ続くかは、測りしれない。

4　壊れていなければいじらない方がいい

アメリカの諺に、"If it ain't broke, don't fix it." とある。総じて、日本の「準共同体的企業」は、「改革」論者が主張したほど欠陥のあるものではなかったと思う。それなのに、なぜ、コーポレート・ガバナンス改革論者はどうしてもいじりたくなったのか。そしてなぜ、彼らの主張が九〇年代の後半からこんなにも支配的になったのか。この章の冒頭で検討した要因——国民的な規模での自信喪失、MBA経営者の台頭、外資系機関投資家の上陸——に原因を求めるべきであろう。

ともかく、次章の主題は、改革論者の主張が支配的になった結果、実際に起こった変化を分析することである。

注 「部長・課長アンケート」について

調査対象は民間企業の部長・課長で、計画的なランダム標本というより、偶然性の高い対象群であった。個人的な関係を通じて、一四社において、アンケート用紙を八三〇枚配布してもらった。なるべく、建前でなく本音を書いてもらう可能性を高くするために、わずかに、企業規模、および産業部門だけを記載してもらって、名前も、社名も伏せて、直接私に郵送で返してもらった。後に、ダイアモンド社の『職員録』から、今度は組織的にランダムな標本、七五〇人に直接、アンケートを郵送した。回答者は三一三人で、二〇％弱の回収率。八三〇人群と七五〇人群の区別はつかない。したがって、ある特定な母体人口を代表する正確な標本とはいえないが、回答のパターンが一応「示唆的」といえる。

回答者の内訳は、従業員数規模からいえば、五〇〇〇人以上が四四％、一〇〇〇―四九九九人は三八％、五〇〇―九九九人は一〇％、四九九人以下八％と、大企業へのバイアスが明らかである。産業部門は、製造業六三％、建設業一七％、交通・運輸・通信一二％、商業四％、その他四％であった。

第四章　組織の変革

日本の企業の経営方式・経営目的・経営環境は、過去一五年の間にいろいろな面で変わってきた。特に経営目的の移り変わりは重要で、しかも、最も正確に評価しにくい面である。第五章以下でその難しい評価を下すことを課題とするが、ここでは、まず、コーポレート・ガバナンスの「改善」――場合によってコーポレート・ガバナンスの「導入」――の名において行われた、より簡単に分析できる、組織上の変革を検討しよう。

まず、二種類の変革を区別しなければならない。すなわち、企業レベルでの変革と企業の環境をなし、企業の行動を規制するマクロ市場レベルでの変革。

企業レベルでの変革は、さらに二種類に分けられる。法的枠組みの「改正」による変化と企業が自主的に行う組織・行動の変革。

まず前者、すなわち度重なった商法・証券取引法の「改正」を年代順にリストアップしてみよう。

1 強制された変革・自主的変革

一九九三年　商法の改正で、株主による代表訴訟を簡素化・低価格化し、監査役の機能を強化した。

せわしない法制活動

一九九四年　（株主への利益分配のひとつの方法としての）自社株の取得・償却が解禁された（以上の二つの改正は、一九八九―九〇年の日米構造協議における米側の要求に負うところも多かった）。

一九九七年　それまで、ベンチャー企業だけに許されていたストック・オプション（会社の株を将来の一定の時期に一定の値段で買う権利を従業員〔主として役員〕の報酬の一部とすること）が一般の企業にも解禁された。

同　年　戦後、財閥復興防止策として禁止されていた持ち株会社が解禁された。

同　年　東京証券取引所の国際的名声を高めるため、インサイダー取引の罰則が強化された。

一九九八年　インサイダー取引に関する罰則のさらなる強化・範囲拡大。

一九九九年　株式交換制度が創設され、企業買収の場合、現金でなく、買収する会社の株で支払うことが可能となった。

同　年　労働者派遣法が改定された(派遣先を一部を除き原則自由化)。

二〇〇〇年　法的会計制度(有価証券報告書の内容)が改正された。主な点は、子会社の財務関係も表す連結会計および税効果会計の義務化。

二〇〇一年　会計制度のさらなる改正。退職給付の想定将来負担(退職一時金や企業年金などで企業に将来負担が予想される債務)を明示する会計が要求され、金融資産を(取得時の価格ではなく)時価で評価することが義務化された。

同　年　一九九三年に改正された株主代表訴訟制度を修正し、原告勝訴の場合の重役の賠償責任に上限が設けられた(但し、故意や重過失には適用されない)。

同　年　一株一票以外の「種類株」数種類が解禁され、電子メールによる株主総会の招集・資料配布が許された。

同　年　「銀行等の業務の健全な運営を確保するため、当分の間、銀行等による株式等の保有を(資産の一定比率として)制限」した。

二〇〇二年　大規模な商法改正。企業が二つの統治構造を選択できるようになった。一方の「委員会等設置会社」(二〇〇五年の改正で「等」が削除されて「委員会設置会社」となった)には、取締役会の委員会として、いずれも社外重役が過半数をなす、三つの委員会がなければならないとされた。その三つとは、社長などの指名をする「指名委員会」、主要な経営者の報酬を決める「報酬委員会」、および「監査委員会」である。もう一方の「監査役会設置会社」は、従来のように、社長指名など全部の権限が取締役会に集中されるが、従来より権限の広範な、そして社外の者が過半数をなす、監査役会を(二〇〇五年までに)設けることが義務化された。

二〇〇三年　会社の定款で、自社株買いの権限を株主総会から取締役会に移すことが可能となり、中間配当の財源と考えられる資産枠も拡大された。

同　年　契約労働の契約期間の制限が三年間にまで拡大された。労働基準法改正(二〇〇三年七月公布、二〇〇四年一月施行)により、原則一年以内の契約期間を原則三年以内に延長することが可能になった。専門的知識等を有する労働者は五年以内の契約が可能に。解雇の合法性が裁判所の「社会通念に鑑みての合理性」の解釈によるようになった。

二〇〇四年　労働者派遣法改正(二〇〇三年六月公布、二〇〇四年四月施行)により、製造現場への派遣が解禁された。派遣期間が最高三年まで延長された。

同　年　電子広告や、株券なしでの株主名簿書き換えだけでも所有権の証拠とすることが可能になるなど、手続きが簡略化された。

二〇〇五年　商法その他、企業統治・行動関係の法律を一本化し、ひらがなの口語体文章で

「近代化」された、まとまった会社法（まだ一般的には「新会社法」と言われている）が制定された。実質的な法律「改正」としての主な点は、有限会社という従来の会社形態が廃止されたほか、中小企業の統治構造の選択肢が広げられた。

「親切な」改革

以上の諸「改正」には、三つの特徴がある。

（1）ほとんど全部といっていいくらい、日本の制度をアメリカの現行制度に近づける効果がある

（2）株主の権限を強化するものもあるのだが、多くは、経営者の選択肢を広げることを趣旨としている

（3）以上のような、経営者の選択肢を広げる措置に比べると、会社に負担をかけ、会社を規制するような措置はずっと少ない

第三の点はエンロンやワールドコムの後、企業を厳しく規制するような法律を通したアメリカと対照的である。ということは、何を示すかと言えば、株主の利益を株主の利益を推進しようとした、機関投資家、在日アメリカ商工会議所、自民党政策審議会の商法部会の一部、および「正しい資本主義」の「理想」を実現しようとした役人・学者の総勢に比して、経営者の利益を代表する経団連の方が、土壇場となると、より影響力が大きかったところに原因があると見ていいだろう。

新しく法律に加わった「委員会設置会社」を選んだ企業の話は後にして、まず、圧倒的に大多数の会社が選んだ「監査役会設置会社」が、法律の要請に応えてというわけではなく、自主的に、または右ならえ的に行った組織変革から見てみよう。

法改正と無関係な組織変革

その主なものは二つ。両方とも、少なくとも外面的には、日本企業をよりアメリカ型企業に似通ったものにする変革である。すなわち、取締役会の縮小と社外重役の導入。

取締役会は、「株主総会から大幅の裁量権を委任された、会社の実質的な最高機関で、会社の戦略を練り、日常の重要決定をすることを使命とする機関」という会社法の規定においては、アメリカも日本も変わりはなかった。ところが、実態はまったく違っていた。

アメリカでは、取締役会は会社の戦略や重要決定について実質的な討論を行う場で、その討論を効率的に行いうるように、ふつう一〇－一五人程度の少人数で構成される。しかも、近年では、第一章で例に挙げたサンビーム社のように、自分も当該会社の株を相当保有し、株主の利益代表という意識を強く持っている社外重役が過半数をなしている。特に取締役会の議長を務める会長には、もともと社外から来た人が就くことが多い。社長は取締役会の一員――委任された会社経営の効率性を常に問われる一員――に過ぎない。

日本のふつうの形態は、それとおおいに違っていた。実質的な討論をする場は、毎週一、二回集まる、社長、副社長、専務といった少人数の最高責任者の会であった。「常務会」など、会社によって名前は変わり、法律に規定されてはいないが、重要な統治機関であった。

法律が規定した存在としての取締役会は、大会社となるとかなりの人数になっていた。トヨタ自動車の場合は五八名だった。なぜそう大きくなるかといえば、終身雇用制における昇進制度、動機付け制度で説明できる。毎年何百人もの学卒者を採用するような大きな企業では、「将来社長にでもなる可能性がある」と自他ともに認められる「人材」が毎年の「△△年入社組」に何人かはいる。会社にとって、その人たちにこそ見事に働いて、出世しようという意欲を起こしてもらうことが重要である。部長になったらなおさらである。ところが、部長が二〇〇人ぐらいいる会社では、取締役になるチャンスを現実的な可能性として、働く意欲を維持するためには、毎年四、五人を役員にしなければならない。その多くは「平取」止まりで、しばらくして辞めるが、わずかの人は、常務、専務、副社長、社長と順々に上るか、人を飛び越えるかして出世する。一九九六年には、五五―五九歳の男子雇用者のうち、まさに一五％弱が「役員」という肩書きを持っていた。

こうして通例の取締役会は、実質的な討論をしようと思ってもできないくらい大きくなる。しかも、生え抜きの従業員で、何人かの部長を部下とする、業務責任を持っている人たちからなっていた。社外重役が一人、二人いるとしても、それは大抵は安定株主であるメインバンクの相談役か会長であった。第一章で挙げた三越の例のように、その社外重役が重要な役割を果たす例もあるにはあったのだが、非常に少なかった。

取締役会の機能といえば、主として「常務会」などと称する例の中核グループで決済され、主要関係役員との根回しが事前に済んだ案件を形式的に承認することくらいであった。とはいえ、そのフォーマルな機能も無意味ではなかった。決定やその意義についての情報を広く社内で普及させ、意思統一を図って、決済案件の実行をよりスムーズにするという、潜在的な機能もあり、その方がむしろ重要だった。

嘲りの対象となった取締役会

「常務会プラス取締役会」という、一九八〇年代までは日本独特の、しかし終身雇用企業としては当たり前の意思決定構造と思われていたものが、一九九〇年代になると、馬鹿にされるしかないものに転じた。アメリカの会社のように、実質的な討論を行うことができない機関が、どうして「取締役会」の名に値し得るか、と。

大き過ぎるという批判ばかりではない。第二章で見たように、アメリカ型統治哲学の基本原理である「経営と監視の分離」の「ぶ」の字に近づきもしない制度である、と。そういう非難も、九〇年代の諸団体によるコーポレート・ガバナンス改革案のひとつの主要なテーマとなった。

双方の批判に応える改革として、以下のような組み換えを行うことが世紀の変わり目にあたり、一般的となった。すなわち、

(1)「常務会」など、実質的な決定機関だったものが、「取締役会」の中核となった

(2)「下級の」取締役だった人たちが、「執行役」という新しい資格に「格下げされた」(「執行役」が一般的だったが、たとえばトヨタの場合は「常務役」と称している。ちょっと複雑なのは、委員会設置会社の場合、社長の正式な名前も「執行役」――アメリカのCEOの訳――となることである)

(3)取締役会の構成を、社内取締役七、八人に、社外取締役二、三人を加える形にする会社が多く、しかも社内取締役は業務執行責任分野のない取締役にして、監視・戦略の機関としての形を整えた

(4)多くの場合、執行役および(社内)取締役をメンバーとする執行役会は月に一回程度の開催として、元の取締役会は別名で再生させた

株主代表訴訟の手続きが簡略化されて以来、取締役が賠償しなければならないリスクを会社が保険でカバーするようになった。したがって、この取締役会縮小の組み換えは、保険金を節約できるという利点もあった。それが、どれだけ組み替えの動機になったかは計りにくいが。

2 諸変革の普及率

委員会設置会社の場合

二〇〇二年の法改正で設定された「委員会設置会社」は、明示的に「アメリカ式」のシステムとして作られた制度で、業務執行を担う社長を社外重役の監視下・統制下に置くものである。その普及具合をまず見よう。

商法改正が施行された二〇〇三年の株主総会で、勢いよく新制度への移行を決定した先駆的企業は七〇社くらいだった。その制度の義務化を行いたがった革新官僚・革新学者は、「雪崩の始まり」と、大喜びだった。ところが、次の年に移行したのは一三社、二〇〇五年には一〇社、二〇〇五年九月現在では、中にはその後逆戻りした企業もあって、新制度採択会社は東証一部五〇社、その他一七社の、合計六七社となっている。

この六七社の中には、移行は新制度の趣旨とは直接関係なかった例も含まれている。委員会設置会社の諸委員会の委員の過半数が社外重役でなければならない。ところが、「社外重役」の法律の定義は「会社の業務を執行しない取締役であり、過去において、その会社または子会社の業務を執行する取締役、執行役または支配人その他の使用人となったことがない」だから、大企業の本社の部長が、子会社の重役になれば、その子会社の従業員にはなったことがないわけだから、立派に条件を満たす。そういう手を使って、「系列固め」を図った会社が六七社のうち、二三社ある(日立だけで一七社)。つまり、法の本来の趣旨に沿って、新制度を、いわば「本気」で、採択した企業は四四社であった。

新制度へ移行した会社にしてみれば、外国の投資家に対するイメージ・アップを図ることができ、あるいは、日本コーポレート・ガバナンス・フォーラムのコーポレート・ガバナンス調査で高い格付けを受けるなどの特典を得られる。さらに、法律は、移行することを有利にする、いくつかの「エサ」を提供している。たとえば、株主代表訴訟で敗訴した場合、委員会設置会社ならば、賠償義務が限定される(代表執行役、つまり社長は、給料の六年分が上限、社内取締役ならば同四年分、社外重役は同二年分)。また、株主総会から取締役会へ、そして取締役会から社長(代表執行役)への権限委譲も――監査役会設置会社より幅広く許されている(アメリカ式の「強い社長」を実現することも改革論者の狙いのひとつだった)。その代わり、おそらく社長たちに新制度の採択を躊躇させる一番大きな点は、自分の後継者を指定する権力を失うことだろう。

ともかく、前述のように、「系列固め」の例を除くと、移行を選んだ会社は、三年で四四社となった。それらがどういう会社かといえば、いくつかの種類に区別できる。

(一)　社長が「主義」としてアメリカ方式を支持しており、以前から社外重役を採用したりして、なるべくアメリカ式のコーポレート・ガバナンスを採用していた会社。たとえば、HOYAやオリックス(オリックスの会長、宮内義彦氏は、コーポレート・ガバナンス改革、そして最近では、「委員会設置会社」制度の普及を図ることを主な目的のひとつにして作られた日本取締役協会の発起人であり、また小泉総理の規制改革・民間開放推進会議の議長をも務めている)。

(二) 日立、東芝、三菱電機、ソニーなど、アメリカの市場への依存度が高く、かなり以前からニューヨークの株式市場に上場しており、株価が外国株主の決定的な影響を受ける、(関西でなく)関東の電機大手。

(三) 株価の動向が外国の投資家にさほど左右されないにしても、たとえば、家族以外の筆頭株主が二つの外国銀行だけで、従業員が四二人の「ピープル」という小さなオーナー企業がそのいい例だが、委員会設置制度を外からの監視を加減する方法としても使える。二〇〇五年から監査役会設置会社の監査役会には、過半数をなす(少なくとも二人の)社外監査役を置かなければならないし、その監査役は取締役を兼任することはできない。それに対して、委員会設置会社なら、二人の社外の者を重役にさえすれば、監査委員会を含む諸委員会には、その二人に、社内の重役(社長でも)を一人加えることによって、会社の自主性はあまり犠牲にすることなく、コンプライアンスを確保できるのである。

(四)　外資系の新生銀行、西友、ボーダフォン・ホールディングスなど。これらの企業の場合は、外への開放性を高めるというより、むしろ日立の子会社などと同様、新制度は本社のコントロールを強化する機能を果たしている。

(五)　一時国有化されたりそなホールディングスなど、金融庁や産業再生機構の役人が新制度に対する公的支持を表明する意味で、選択させられた企業。

総じて、委員会設置会社が日本企業の典型的な形態となる気配はあまりなさそうである。もともとアメリカン・スタイル企業統治の草分け的存在で、新制度を率先して取り入れたソニーの業績がつまずいて、新制度にそっぽを向けたトヨタやキヤノンが大繁盛していたという、法改正のすぐ後の事情も、改革推進者にとっては、大不運だった。

新制度推進者にとっての負け戦の一つが、二〇〇二年から二〇〇四年の間、東京証券取引所のコーポレート・ガバナンス原則の作成を委託された「上場会社コーポレート・ガバナンス委員会」においての審議であった。キッコーマンの会長茂木友三郎氏(コロンビア大学のＭＢＡ取得者で、コーポレート・ガバナンスの改革を使命とする日本取締役協会の副会長)を議長とする一〇人の委員のうち、「強行推進派」は三人、企業年金連合会、もとの厚生年金基金連合会の専務理事、外資系機関投資家の代表、および第一章の冒頭でその文章を引用した若杉敬明氏の各氏であった。もともと、新制度のような厳しい原則を上場条件とすることは、非現実的とされていたが、推進派の彼らは、せめて、ロンドン株式市場のコーポレート・ガバナンス原則と同様、委員会設置会社制に移るか、移らない場合には、その理由を公表することを条件とすべきだと論じた。しかし、彼らは、反対を唱えた新日本製鐵、松下電器産業など産業側代表を説得することができなかった。結果として出来上がった原則は、「適時適切な情報開示」とか、「社会通念上不適切」など、「適」がつく曖昧な「原則」が多かったばかりでなく、その拘束性については次のように言っている。

この原則は、上場会社によるコーポレート・ガバナンス充実のための自発的な取組みと、株主・投資者によるコーポレート・ガバナンス充実を求める諸行動とが、一体となって上場会社のコーポレート・ガバナンスの充実に結びついていくために必要と思われる、共通する認識の基盤を提供することを目的としている。（東京証券取引所『上場会社コーポレート・ガバナンス原則』二〇〇四年三月）

何という文章だろう。投資家と経営者との勝負が引き分けに終わったという現実を、苦し紛れに煙幕で包んだ文章である。

監査役会設置会社の場合

委員会設置会社に移行していない東証上場の九八%の会社組織改編の普及率はどうだろうか。もっとも手軽な総合的調査は、同友会によるものである。二〇〇二年および二〇〇四年の二回、同様な調査が行われたのだが、両年とも結果はさほど変わらなかったので、コーポレート・ガバナンスの改革熱が二〇〇二年以前にすでにピークに達していたことがわかる。二〇〇四年の調査は、表**3**に示す結果であった。

表3　上場企業の会社組織改編の普及率

コーポレート・ガバナンス・システムを一向に変えていない	9%
取締役会をスリム化して，執行役制度をとり入れた	72%
監査役会・監査役機能の強化(人数を増やし，社外監査役を加え，事務スタッフを充実させた)	68%
社外重役の導入	54%
アドバイザリー・ボードを設立	18%
指名・報酬委員会を設立	19%

資料：経済同友会「コーポレート・ガバナンス改革に関するアンケート調査」2004年4月6日(http://www.doyukai.or.jp/policyproposals/articles/2003/pdf/040406_01.pdf)

しかしながら表**3**の調査結果は制度変化の普及率を明らかに過大評価している。同友会のメンバー会社は全部で八六四社で、上場している全二二〇〇社のうち、おそらく、一番「進歩的な」あるいは「時勢に敏感な」経営者がいる会社である。おまけに、調査に答えたのはメンバー会社のうち二〇九社(改革努力を一番誇りに思っている会社?)だけで、うち七〇社は上場していない会社だった。したがって、上記の数値は上場企業の六%、それも一番改革精神の強いと思われる六%の会社の数値である。それがどれだけの偏りを生じるかといえば、一つの点を挙げるだけで充分であろう。社外重役を招聘している会社はこの調査結果では五四％だったが、『日本経済新聞』が行った(おそらく有価証券報告書を用いた)より徹底的な、別な調査(二〇〇四年八月二二日実施)によれば、三三％であった。

上場企業一三九社、非上場企業七〇社の比較は面白い。変化の普及度はほとんどあらゆる点で上場企業の方が高い。一つだけ例外だったのは、アドバイザリー・ボードを設立しているのは、上場企業の場合一八％だったが、非上場企業の場合は二〇％であった点である。おそらく、小さな会社の場合、これは見せびらかしの形式的なものではなくて、本当にアドバイスを求めての選択であろう。また、オーナー企業の場合、経営者報酬をアドバイザリー・ボードに任せることは、オーナー家族以外の従業員に対して透明性を確保する手段として使われている場合も考えられる。

3　組織の変革・行動の変革

透明性

以上、改革動機が企業によっていかに多様的であったかを見てきた——実質的な組織改善・企業発展を求めての改革もあれば、見せびらかしの形式的な改革、あるいは株主にいい印象を与えようとする改革や右ならえ式に時勢に従った改革などもある。直接のきっかけとなった動機を特定することは困難だが、改革者が改革理由として挙げていた「改善(点)」とは何であったか。

大きな狙いのひとつは、透明性である。しかし、この透明性にはいくつかの意味合いがありうる。

(1)現時点での所有者である株主から経営を委任された忠実な代理人として、株主の資産の管理・活用を行ったことを報告する当然の義務を果たすこと

(2)株の売買をする人のための判断材料として情報を提供すること。それによって証券市場の効率性という公共財を築くこと。また、前述の東証の「原則」でも言われているように、「株主からのプレッシャーがより(強く?)働くような仕組みを作っていくこと」によって「日本企業の国際競争力の回復」に貢献すること

(3)経営者として、ガラス張りにしてもいい経営だ、隠すことがないという、自信に満ちた誇りを示すこと

(4)以上のいずれかが真実であるという印象を投資家に与えることによって、自社の株価を維持すること

以上のどれに最も関心が寄せられているのだろうか。最初の二つを重視する律儀な経営者もいよう。しかし、本音はむしろ後の二つだろう。そのうち、(3)なら立派、(4)なら俗悪とい

う評価をするのは理想主義的に過ぎるだろうか。

社外重役——誰の番犬なのか

動機についての似たような問題は社外重役を取締役会に加えることにおいても起こる。社外重役を任命するのは株主総会だが、敵対的買収によって筆頭株主となった株主が自分の代表を送り込もうとする場合を除くと、指名するのは経営者である。社外重役の人選を行う際、どういうメリットを得ようと考えているだろうか。

(1)自分たち経営者の行動が、株主の忠実な代表としての株主価値拡大という「正道」から逸脱しそうになった場合にブレーキをかけて規制してくれること

(2)経営者は常に、法律違反や不正を犯す誘惑にさらされている存在だから、自分の良心の力を補って規制してくれること(全国社外取締役ネットワーク〔社外ネット〕という、社外重役の紹介・教育を使命としている団体があり、同ネットワーク内で研究会を作っている。社外不正問題を担当する同研究会は、「不正防止研究会」ではなく「刑事リスク研究会」と呼ばれている。この用語の選択は何を語るだろうか)

(3)社会の公器である企業のインサイダーが、時に忘れがちな公益や、市民としての常識・良識を代弁すること

(4)経営者との意思疎通がよく、経営者の経営目標・価値体系を大体分かち合いながら、社

内にはない知識、情報、判断力を貸してくれること

(5)その存在自体が、従業員に対して、トップが私利私欲に走っていないことを保証すること

(6)「近代的な会社だ」「経営者が外から規制されている会社だ」という印象を株主や投資家に与えて、(実際上は、あまり会社内のことに社外重役を深入りさせないままに)株価の維持に貢献してもらうこと

以上の(3)か(4)か(5)であれば上出来だと思うが、実態はどうか。社外重役の現職や前職などへの調査からヒントを得ることはできる(これも標本が少ない。同友会の調査は上場企業の五七社、日本監査役協会は委員会設置会社のうち一九社)。

ともかく、多少ヒントが得られる。前に説明した「系列強化」のために親会社の役員が社外重役の衣を借りているケースを除外すると、一番多いのは「会社の資本・取引関係」の重役である。これは、もともとメインバンクの代表を取締役にする従来の伝統の延長線上のことである。同友会による調査の、ある回答者に言わせれば、これは制度の濫用ということになる(事実、社外重役の「独立性」を細かく規定しているイギリスの「原則」は、一般の少数株主の利益を優先させている以上、「特定の大株主の代表」は「非独立」の部類に入る)。

大半の社外重役は、そういった利害関係からは離れているのだが、「社長・重役の友人だか

ら」任命されたとアンケートに答える会社も一〇％くらいはある。弁護士や会計士という、おそらく専門知識で貢献できる社外重役を除くと、財界のOBや「メディア・学会の名の通った人」を社外重役にしている会社の多くは、その名声を借りて、飾りとしているのか、あるいは知識、知恵、判断力の源泉として登用しているのか、一人一人個別のケースを見ないとわからない。

とはいえ、結論として、かなり信頼できそうなのは、二〇〇二年の同友会による調査者の結論である。「現在では、社外取締役の経営監督機能よりも、経営への助言機能により期待を寄せているようである」——。その助言も、必ずしも、改革論者が意図したような、株主の利益を代表する助言ではない。経団連による二〇〇三年の別なアンケート調査では、「コーポレート・ガバナンスの改革の目的は」と聞かれて、複数の選択もできるいくつかの選択肢を与えられた九九社のうち、「株主の声を反映させること」にチェックをした会社は一三社だけだった（日本経団連「会社機関のあり方に関するアンケート結果概要」二〇〇三年二月一八日）。その一三社にしても、おそらく「株主」という場合、一般の少数株主のことではなく、社外重役を送り込んでいる安定株主のことを念頭においていたのではないか。

助言か〝権言〟か

事実としても、社外重役が株主の番犬といったような役割——アメリカだったら社外重役の本命——を果たす例はあまり報道されていない。UFJ銀行が東京三菱銀行と合併しようとした際に、三井住友銀行がUFJ併合の対抗提案をした時の報道がその珍しい例の一つである。それによると、UFJの頭取がその提案をいきなり蹴った時、UFJ取締役会の社外重役たちが、「三井住友との合併の方が株主の観点から得であるかどうかを一応真面目に検討すべきだ」と抗議をしたそうである。

委員会設置会社においては、取締役会の指名・報酬・監査の諸委員会の構成員の過半数は社外重役が占めるので、理論的には、会社をコントロールできるはずなのに、実際は、諸委員会の委員長ポストを社内の重役が占める会社が四割くらいあり（監査役協会の前述調査による）、委員会議案の作成者が社内の重役か事務局かであるのが六割くらいとなっている。社長が、自分の後継者の選定も、自分の報酬も、実質的に完全に社外重役の判断に任せている例は、委員会設置会社でも、少ない。

それ以外の会社で、社長の進退・処遇に関する権限を社外の者に譲る例もあるにはあるのだが、それはふつう、「アドバイザリー・ボード」という、取締役会とは違って、法律で規制されない、任意の機関を通じて行われており、いざ土壇場となれば権限を社内に取り戻せる仕組みとなっている。

組織上、自分の進退・処遇も含めて、社外重役に全権を与えたことを誇りにしている社長の一人は、約五年前に親から社長職を譲られたHOYAの鈴木洋社長である。HOYAは、エレクトロオプティックスの新進会社で、最近の有価証券報告書によれば、「『会社は株主のもの』と考え、株主価値の最大化を目指して経営を効率化して」いる会社である。現社長の親が社長だった時代から、社外重役を中心とするアメリカ型の経営システムを取り入れた草分けとして知られている。取締役会は執行役三人(従来の用語であれば社長、財務部長、企画部長)に、社外役員五人(元通産次官、元日本IBM社長、元日産社長、キッコーマン会長、および「初の女性取締役〔で〕女性の視点からの助言を期待」されている元リクルート社長)という構成になっている。

鈴木社長は、雑誌のインタビューで、自分が提案したストック・オプション案が社外重役によって排撃されて、やり直しをさせられたことを紹介し、社外重役のおかげで会社の意思決定過程に非常に生産的な緊張感が差し込まれたと主張している(「『米国型』に魂を入れる法」『日経ビジネス』二〇〇三年一二月一日号)。

緊張感の効能

「緊張感」は日本のコーポレート・ガバナンス論議のキーワードである。一九九五年、同友会の企業動向研究会が行ったアンケートで、「われわれ研究会の意見はこうだが、どう思うか」と、以下の文章を挙げて、メンバーに聞いている(経済同友会『第一二回企業白書』一九九六年)。

コーポレート・ガバナンス改変の観点からステークホルダーとの関係を見直す必要がある。

これまで日本では経営者と株主との間だけに止まらず、労働組合、取引先などとの関係においても「緊張感」を持ち込まず、お互いの共通課題として解決していくことがいい経営とされてきた。しかしグローバル化の時代においては、インサイダーに対する公正さだけでなく、第三者に対して説明できる公正さが求められており、種々のアウトサイダーとの緊張関係の中からいいものが生まれるという発想に転換していくことが求められる。

「緊張感」という言葉はしばしば対立・破壊・不信感・責任転嫁を背景とする文脈で使用されているが、われわれは調和・想像・信頼・自己責任といった文脈の中で理解したい。

結果は、「理想を言えばまさにそうだが、日本の文化がそう簡単に変わるものではない」という返事が大半だった。これは第二章ですでに論じた「不信感の制度化」の問題と深く結びつくが、「和の精神」と「緊張の精神」の対照は利害の対立を調整する方法論の対照だけではない。「緊張感の精神」の推進者には、やはり一般にアメリカン・スタイルとされている、率直さ、大らかな解放性、緊張感のチャレンジをむしろ楽しむ攻撃性への憧れも入っていよう。村上ファンドの村上世彰氏の世代が日本の大企業の社長になる時代が来ると、「和」と「緊張」

のバランスはかなり変わってくるだろう。

ともかく、ＨＯＹＡの場合、社外重役が差し込んでいる緊張感は、さほど緊張度の高い雰囲気でもないようである。その社外重役の一人、キッコーマンの茂木会長の言葉が、同じ雑誌記事の中でこう引用されている。

鈴木さんは四〇歳代で、われわれ社外重役がみな一世代年上ですから、「お父さん、お母さんの言うことを聞きなさい」という精神で何でもいえる。（前掲インタビュー「「米国型」に魂を入れる法」）

まあ、社外重役が過半数を占めるＨＯＹＡの報酬委員会が、社長など三人の執行役に年合計二億五〇〇〇万円の報酬――一人平均八〇〇〇万円――を授けている以上、たいした緊張感があるはずはない。とはいえ、この本格的にアメリカン・スタイルの会社ですらも、一人八〇〇〇万円というトップの給料・賞与（ストック・オプションもあるのだが、その価値はさほどのものではないらしい）は、従業員の平均給与の一二倍であって、アメリカの大企業では珍しくない一〇〇〇倍からはまだかけ離れている。

社外重役の貢献

ＨＯＹＡの場合から明らかな点は二つ。「お父さん、お母さん」ではないとしても、社外重役たちは、株主の代表として株主の利益をガリガリ追求すべきだというふうには自分たちの役割を解釈していないらしい。ＨＯＹＡの有価証券報告書には、社外重役の選定基準がこう書かれている。「経営者としての充分な経験があり、国際的で株主の立場に立って公平な観点からものを見ることができる人」と。株主の身になって考える人が選ばれるはずだが、ＨＯＹＡの株主の五五％は外国法人で、主要株主一〇名はほとんど機関投資家であり、唯一の例外であるオーナー家族は二％しか持っていない九番目の株主である。にもかかわらず、その機関投資家は一人も社外重役を送り込んでおらず、直接「株主の立場」に立っている社外重役はいないらしい。

そして、社外重役個人の利害はどうかというと、取締役会へ出席するたびごとに一〇〇万円の謝礼を受け取るのだが、ＨＯＹＡ株の配当から得るのは、一人一〇〇〇株を所有している三人の分を合わせてもせいぜい一五万円にしかならない(二人は株を一切持っていない)。

第二の点は、「社外重役は君臨、実質統治は社内」というのはＨＯＹＡでも、有価証券報告書を読めば(たとえば、社内の「事業報告会」についてのくだり)、実情らしい。

社外重役を名目的に「君臨」させる委員会設置会社の形を取っているＨＯＹＡでさえそうならば、まして、取締役会をスリム化して、社内重役六、七人に社外重役二、三人を加えたような多くの監査役会設置会社の場合は、なおさらそうであろう。社外重役を起用しているそういう会社では、毎週、あるいは、より頻繁に社外重役抜きで社内取締役が集まって、実質的な議論はそこで行われていることが普通である。あるいは、二、三十人の執行役からなる執行役会が毎月開催されて、一応そこで合意された案しか取締役会にかからない会社もある。社外重役にとって、「監視」を実質的に行うのに必要な情報を得る機会は限られている。ある社外重役が嘆いていた。「毎月の取締役会の前の日、誰かが尋ねてきて、丁寧に議案の背景を説明してくれるのだが、本番の会議での社長の説明とまったく同じことしか言わない。知りたいのはそういう案ができるまで、どういう反対論があって、何が決定的な考慮だったかなどだが、知るすべもない」と。

評価できる面

もっとも、社外重役が社長との腐れ縁がまったくなく、「たすき掛け人事」「仲良しクラブ」の重役でもなく、良識ある、そして頭の切れるような人である場合、そういう人に議案を説明しなければならないということは社長たちに有効な規律を与えることになるだろう。また、指名委員会か、アドバイザリー・ボードの形で、次期社長の選択に社外重役が深くかかわることは、社長が自分の後継者を任命するという、情実が入りやすかった従来の慣習よりは、いいに違いない。

4　制度変革の効果

さて、社外重役の招聘もふくめて、執行役制の導入、取締役会の圧縮、監査役会の強化などの諸制度変革の総合的な評価はどうだろう。

(1)意思決定過程の合理性・質を高めたか
(2)意思決定過程のスピードを早めたか
(3)業務執行機能と監視機能の分離をもたらしたのか
(4)不祥事発生の防止効果はあったのか

意思決定の「質」

以上書いてきたように、社外重役が、生え抜きの重役たちは持ち合わせていない知識・思考力・判断力・客観性を差し込む(ことができた)場合、たとえ議案の背景についてては半分しかわからなくても、会社の戦略・方針の形成に、ある程度まで、貢献できるであろう。また、悪質な、あるいは鈍臭い社長の出現を、(当たり前の企業ならもともと確率の低いことだが)防止するのに力を発揮することもありうる。ただし、決定の合理性を確保するのに最も重要な要因は、たとえば、企画をあらゆる観点から吟味する周到な準備、企画の実行態勢の整備、実行に移すのに熱心に協力しなければならない個人・部門との充分な、そして正直な、根回しなどである。そういう重要な要因をどう確保するかというと、会社の人材を惹きつける力や、会社内の雰囲気——個人間の競争・協力のバランス——によって決まることであって、制度をいじることがそのバランス、その雰囲気に影響しない限り無縁である。

「意思決定の質」の一つの側面は、「痛い」決定をする能力である。第三章で見た「日本的経営」への有力な批判はその点に着目していた。そこで引用した「部長・課長アンケート」において、自分の会社で、部門廃止・工場閉鎖など、タフな決定を避けたり、延期したりするような「責任逃れ」といえるようなケースがあったかどうかを聞いたら、「はい」という答えが六四%だった。続いてこう聞いた。

「部内や子会社への対応について、今後よりドライな、またはタフな経営環境にする必要があると思いますか。あるいは、今までのドライさ・ウエットさ程度でいいと思いますか」と。

「よりタフ」と答えたのは八二%だった。「甘さ」を白状する人が一八%もいたことの方が意外だといえる。それに続いて、次のように聞いた。

よりタフな経営スタイルを是として、それを目標にしたとすれば、以下のいくつかの措置がそれに貢献するかどうかを評価してください。

・明確な「株主の代表」意識を持った社外重役を入れる・増やす

□貢献する　□却って悪い　□変わらない

・株主の代表でなく、会社のアドバイザーとしての社外重役を入れる・増やす

□貢献する　□却って悪い　□変わらない

・従業員代表を取締役につける

□貢献する　□却って悪い　□変わらない

・事業計画をより詳細に、または頻繁にアナリストに開示する習慣をつける

□貢献する　□却って悪い　□変わらない

「貢献する」措置として一番多く選ばれたのは最後のアナリストで(六二%)、アドバイザーとしての社外重役(六一%)とほぼ同じであった。株主代表の社外重役の貢献を評価した回答者はたった四八%(従業員代表は二一%だった)。四選択肢とも「変わらない」と「かえって悪くなる」のうち、前者を選んだのが大半だったが、「かえって悪くなる」という答えは、株主代表の社外重役と従業員代表重役とで同じで、各々二五%だった。

タフな態度をより強化するのに、理論的には、株主代表の重役が一番効果的なはずだ。以上の答えは、そういうアンケートが想定していたリストラの場合を念頭に置いた回答より、むしろ、選択肢として挙げた制度変革に対する一般的な評価に基づいているのだろう。

意思決定のスピードは？

改革論者は、統治構造の改変は、機動性をより高め、意思決定をよりスピーディにするためのものだとよく言う。だが、経営トップが、まず自分たちの小グループで決めたことを、執行役会議の了承を得、それから同じ小グループがさらに社外重役も加えた取締役会の了承を得なければならないとすれば、よりスピーディになるはずはない。委員会設置会社の場合、取締役会が社長(執行役)に委任できる権限の範囲は広くなっているが、社長がワンマンで独断的に意思決定をスピード・アップするような社長であるかどうかは、組織上、正式にそういう委任が行われたかどうかとはあまり関係がないように思う。組織というよりむしろ人柄の問題である。

トップの意思決定、機動性などとは無関係ではないだろうが、電子メールの即時性によって、企画を練ったり、根回しをしたりすることが早められたのではないかと理論的には思われがちである。だが、さきの「部長・課長アンケート」の結果を見るとそうでもないらしい。二〇〇四年の調査だが、「一〇年前に自分と同じポストにいた人と比べて、自分の今の仕事ぶり・仕事環境はどう違うか」と、一五の次元を挙げて聞いた。たとえば、「自分の業務目標がより明確になっている」をチェックしたのは——おそらく業績給への移行を反映して——六一%だった。ところが、「自分が出席しなければならない会議が多くなった/少なくなった」については、「少なくなった」が七%で、「多くなった」は三六%だった。

あるブログにこう書かれていた。

用件を電子メールで伝えたら「冷たい感じがする。社内なんだから内線電話や、会って伝えようよ」なんてことも言われた経験もある。根回しなんていう古き良い風習も、相手の顔色を伺いながら「……では、そういうことでお願いしますよ」なんて、何が〝そういうこと〟か、言った方も言われた方もチンプンカンプンなまま、なし崩し的に曖昧なコンセンサスができあがっていることも少なくない。確かに人間なんだからそういう人間的な部分はあって当然とは思うが、少なくともビジネスマンは居心地のいい〝人間集団〟を形成する前に、責務を果たす〝機能集団〟であるべきだと思う。(http://www.aucnet.co.jp/ir/diary/bknum/diary02f.html)

「人間味」と「機能」のバランスの変わり方は前者から後者への一方通行のようである。それが同時にスピード・アップにつながるかどうかは別問題である。

執行と監視　最近の日本で、執行と監視の分離説が否定しがたい正論となっていることや、その原則の是非については前章ですでに述べてきた。それを「原則」として明確に排撃している会社は少ないが、あることはある。トヨタ自動車がその一つだ。やはり、五三人いた取締役会を縮小して、元は取締役だったはずの多くの人が「常務役」となって、定期的に集まる常務役会を設けている（常務役はよその会社の執行役に当たる。「トヨタは特別」を強調する名称のつもりか）。取締役会は現在二七人から成り、うち一四人が専務という肩書きで各々二、三の事業部長の上司となっている。その専務と部下の事業部長の関係には――組織の「かなめ関係」といっているのだが――業務執行機能と監視機能が密接に絡み合っている（ちなみに、専務以外の一三人は、名誉会長、会長、二人の副会長、社長、七人の副社長で、唯一の「平取」は豊田家の若手である。社外重役は一人も入っていない）。

不祥事防止　不祥事が発生する可能性は減ったのか。改革論者の治療策――執行から切り離された監視機能を強化し、透明性を確保する――という薬が功を奏したとは、一点を除いては、信じがたい。

その一点とは、委員会設置会社の監査委員会、その他の会社の監査役会の強化である。取締役になり損なった人が任命され、よく〝閑散役〟と野次られた、従来の監査役に比べれば、独立した立場をとることが期待される社外監査役二人を含め、会計監視ばかりでなく業務監視をも仕事とする新しい監査役会の方が、不正を発見する可能性は高いに違いない。サーベンス・オックスレー法が要求するような、コストのかさむ、複雑な内舞踏性システムを取り入れたのは、その法律に対応せざるを得ないニューヨーク市場で上場している会社だけだが、他社で入れている、より簡単な内部チェック・システムも、同じく不正発覚の可能性を多少高めているだろう。

しかし、英国の詩人T・S・エリオットをまた引用するまでもなく、システムの強制によって、全員が善人ではないのに善人であるかのように振舞わせることは難しい。もし、最近、不正が行われる可能性が減ったのだとすれば、それは監査機能の強化の結果というよりも、むしろ雪印、日本ハム、三菱自動車などによる悪質な不正が、それぞれの会社にどんなひどい目をもたらすかを見て、経営者一人一人の「自己規制」が多少ともきつくなったことによるのだろう。少しだけ「より善人」になったのだろう。いろいろな倫理基準委員会、社内オンブズマンの設置、内部告発・企業の社会的責任などについてのメディアの議論なども、多少意識を変える効果があったかもしれない。「多少」だ。

「部長・課長アンケート」でこう聞いた。

貴社が、あるいは貴社の誰かが、法律規範・社会規範に違反することをしたとして、それを外に漏らす社員が出た場合どうなりますか。

□いくらその動機が純粋な市民としての良識であろうと、その後で会社にいづらくなるのは昔も今も変わりはない

□純粋に市民としての良識から出た話なら、昔に比べて社内でそれを是とするような、より理解のある人がいくらか多くなっている
□「いくらか」ではなくて、そういう点に対する理解は大いに変わった

「変わらない」は三五％、「多少変わった」は五八％、「大いに変わった」を選んだ楽観主義者は八％であった。

5 仏つくって、どの魂を入れるか

「仏つくって魂入れず」、すべてがトップの見識で決まる」と、同友会のコーポレート・ガバナンス・アンケートの「ご意見をご自由に」という欄に記述した人が一人いた。

以上、分析してきたさまざまな制度変革に乗り出したトップの「見識」は、どういうものであっただろうか。自分の会社の組織を見つめて、どう改善して、将来待っているかもしれない試練にどう備えるかという創造的意欲であったのか、「皆がやっているから」という横並び意識だったのか。それとも〝先進国〟アメリカをモデルにどこまで〝後進国〟の日本が従うべきなのかという意識なのか。

二〇〇二年のアンケートの「ご意見をご自由に」という誘いに答えた五三人の同友会メンバーは、一応、日本の経営層を代表する面々と考えられる。具体的な措置――社長の定年制、社外重役の任期の制限、社外重役の情報へのアクセス、アドバイザリー・ボードの構成など――具体的な課題を取り上げた答えは多かった。しかし、特に目立ったのは、アメリカの制度が、反面教師の意味でも、何らかの形でベンチマークとする回答が多かったことである。

「稲作農村の仕組みを移した日本の「企業村」を脱皮するのに、アメリカン・システムを徹底して、経営者の流動的な外部労働市場を作らなければならない」といった意見もあったが、五三人の中で、アメリカに直接触れていた一九人の大半が批判的であった。いわく、「育てる資本主義でなく、売り抜ける資本主義」の「猿真似」などの「拙速な導入」を非難したり、その導入が「一部の企業の問題を取り上げて、企業の実情に不案内な学者、官僚が主導してアメリカ式の商法改正案を作成して性急に実施を図った」ためだと決めつけたりして。

明治初期の書生の戯れ歌に、「ザンギリ頭を叩いてみれば文明開化の音がする」というものがあった。今、経営者の頭をたたけば「透明性、アカウンタビリティ、監視、監督、緊張感、適時開示、企業価値、株主価値、などなど」と鳴る。その頭が時々混乱してくることは当たり前だろう。アンケートにこう書いた社長を哀れむしかない。

他社の役員の中に平の取締役がいたり、また常務執行役員などがいて、どちらが上役にくるのか分からない。また最近では自分の肩書きに「社長&ＣＥＯ」と書いている方もいる(私もそうです)。しかし、考えてみると、英語のＣＥＯをそのまま名刺に書くのはおかしな気がする。やり方がまだまだ混乱している。

第五章　株主パワー

1　変わったのは何か

前章で見たように企業の内部組織は多少変わってきたが、まだ、生え抜きの経営者による内部統制が一般的な組織形態である。しかも、二、三十年の従業員としてのキャリアをとおして、昇進制度の淘汰を生き抜いてきた経営者による統制である。これだけは依然として変わらない。しかし、より決定的に変わってきたのは、企業が生きていかなければならない環境の方である。

環境変化というと、製品市場における変化を指しているのではない。「グローバル化されたメガ・コンペティションに勝ち抜かなければならない」云々の陳腐なスローガンはくりかえされるのだが、日本の企業にとって、グローバル化は何も新しいことではない。六〇年代以来の顕著な傾向である。一九九〇年代には、古くは六世紀から始まり現代に至るまで連綿と続く〝グローバリゼーション〟の原動力であった交通・通信技術の進歩が加速され、冷戦の終焉もあったのだが、生産拠点として、あるいは製品の売り先として、世界の製品市場にはさほど画期的な変化は起こっていない。

決定的に重要な変化は、(1)金融市場グローバル化の顕著な加速、(2)商法や証券取引法の改正による株主と企業の関係の変化、の二点である。言い換えれば、経営者を長老として、従業員集団が資本所有者・資本管理者のサービスを適当に使う「日本的経営」から、資本所有者が、経営者という代理人を通じて、従業員を使う「株主所有物企業」への移行ともいえる。あるいは、「従業員主権」から「株主主権」への移行とも、「事業会社・金融業者相互依存体制」から、金融業者が事業会社を支配下におく関係への移行ともいえる。

株主が主権者へと進化したメカニズムを、ハーシュマンという優れた経済社会学者の「退去、発声、忠誠」の分類を使って言うと、二つある。いわく、声を発するメカニズムと売り逃げの脅しというメカニズムである(A・O・ハーシュマン『離脱・発言・忠誠――企業・組織・国家における衰退への反応』矢野修一訳、ミネルヴァ書房、二〇〇五年)。

2 株主パワー――声の部

大株主――インフォーマルな注意

「声の上げ方」のメカニズムのひとつとしては、まず、商法の規定とまったく関係のない、大株主と経営者との間のインフォーマルな会合、あるいは電話や正式な文書による接触がある。いわゆる「メインバンク・システム」はその伝統的な形態である。主要銀行は大株主であると同時に、債権者でもあったから、ケインズの格言通り、「銀行に一〇〇万円借りたら、いうことを聞かなければならないが、何十億円も借りたら、銀行の方があなたのいうことを聞かなければならない」という原理に沿った関係であった。事業会社が危機に瀕していない限り、わりあい対等な立場での対話であった。おまけに、株式保有はふつう、相互的であった。「安定株主」として、事業会社に対して注意・忠告をしても、聞かなければ株を売ってしまうかもしれないという脅しは含まれていなかった。また、配当政策も双方似通ったもので、「株主への還元」云々という文句はお互いに遠慮するのがふつうだった。

従来、二、三％程度の株を保有する銀行や保険会社などの代表を定期的に集めて業績や将来の企画を説明することは普通だった。だが、それは少数投資家に対する差別的待遇にあたるということになって、九〇年代半ばから難しくなった。一五年前に「ＩＲ」といえば、当然、労使関係(industrial relation)という意味だった。今、どの会社においても着実に膨張しつつある「ＩＲ部」は、インヴェスター・リレーション担当の部で、投資家との対話を使命とする部署である。労働組合の衰退と投資家の勃興をまざまざと象徴している変化である。

昔は、一般株主への公表としては、年度ごとの決算発表と株主総会への年次報告(さらに場合によっては半期ごとの中間報告）を出せば充分だったのが、今では、四半期ごとの決算発表が義務となり、さらに各四半期ごとの発表後、証券アナリストや機関投資家のために、業績の解釈・次四半期の業績の予測を伝える説明会を催して、その会議模様のビデオ記録をウェブ上に載せる。

とはいえ、「特定の投資家を優遇しない」、IR部を通じて、あらゆる顕在・潜在投資家への透明な開示」の時代になっても、経営トップと主要な安定株主とのプライヴェートな対話は依然として多少続いているには違いない。

そういう、安定株主の友好的な「声」は、経営者にとってありがたいときもあれば、迷惑なときもあるのだろうが、いずれにしても、根本的な経営目標まで無理に変えさせるような圧力までかけることは少ないだろう。

新しいタイプの「アドバイザー」

ところが、最近の一〇年の間に、新しいタイプの「大株主」が現れた。いわゆる投資ファンドである。従来の安定株主型の大株主と決定的に違う。

第一、大株主として経営者と交渉する際、その関心のあるところはただひとつ、すなわち、自分の保有株の価値を高めることである。ペンタックスの株の二一％を保有しているスパークス・アセット・マネジメント投信の安部修平社長が、アメリカの新聞に投資家としての姿勢を説明している。「「利回りの悪い市場だからペンタックスにデジカメをやめなさい」と勧めているのだ」という(*International Herald Tribune*, 27-28 May, 2006)。

保有高二〇%を超えれば損をせずには株を売りにくいことは事実だが、ペンタックスがこのアドバイスを安定株主からの友好的な忠告として受け止めているのか、それとも、従順に聞かなければ、公開買い付けで二一%をさらに過半数まで増やして新しい経営陣を入れるぞという脅しをバックにしたアドバイスとして受け止めているのかは私にはわからない。だが、露骨に敵対的買収の脅しをバックに、圧力をかけるファンドが多くなったのは確かだ。

すでに二〇〇四年五月の時点で、そのような投資ファンドに株の五、六%から一五%までが買い占められている日本の会社を、四〇社もリストアップすることが可能であった(「TOB防衛術」『週刊東洋経済』二〇〇四年五月一〇日号)。多くの場合、圧力をかけて説得しようとするのは、コストを切り詰めたり、余剰人員を首にしたり、眠っている資産を活用したり処分したりすることによって、株主資本利益率(ROE)を高め、配当率を上げることである。結果として株価が上がれば、ファンドが安く買った株を、高く売ることができる。

場合によっては、取締役を送り込んで経営に直接干渉するか、経営権を完全に握る。そのような完全な乗っ取りの場合、アメリカであれば、しばしば、非上場会社にして、経営者を入れ替え、容赦なくリストラを行い、売れる資産を売ってスリム化して、より資本効率の高い会社にする。そして、二、三年後に、「市場にとって魅力のある」会社になったら、IPO(新株公開売り出し）で手放して、相当な利益を収める。時に、入れ替えた経営陣の中に優れた経営能力のある人がいて、顧客にとっても、残った従業員にとっても、協力会社にとっても、よりよい会社になる場合もあるが、大半は、逆に企業の物的資産を食い潰し、失業させられた人の人的資本をゼロにするという意味で、「ハゲタカ」ファンドといわれる俗称に値する場合の方が多い。

ドイツにも、技術は優れているのに、従業員を優遇しており、株主資本利益率が決して高くないオーナー企業会社は多い。こういった会社は、アメリカ式の利益向上一点張りの経営をすれば、利回りも、時価総額もかなり高め得るのかもしれない。実際、それを狙った投資ファンドがドイツでかなり活躍している。それらを「ハゲタカ」ではなく、「イナゴの大群」にたとえて、その統制の必要を唱えたドイツ社民党党首のフランツ・ミュンテフェリング氏の発言が、相当な波紋を引き起こした。「〝市場の規律〟信奉者」の激怒を買って、彼は、英誌『エコノミスト』などで、時代遅れの存在として野次られた。

投資ファンドの分業

投資ファンドは、慣習的に、ヘッジ・ファンドとプライヴェート・エクイティ・ファンドの二つに大別されてきた。前者は主として証券・為替やその派生商品の売買という、流動性の高い資金調達・運用を行う。それと対照的に、「企業の買収→リストラ→売却」というような仕事は、主として後者（バイ・アウト・ファンドともいう)の得意分野だった。しかし近年、その区別はぼやかされてきている。トミー・ヒルフィガーというアメリカの会社が不振を極めていたとき、その会社の六%の株を買ったヘッジ・ファンドが、活性化(すなわち株主志向化)させようとして、その努力がいよいよ実ろうとするときになって、あるプライヴェート・エクイティ・ファンドが公開買い付けで会社を買収しようとした。「我々の功績を盗む」とヘッジ・ファンド側が反対運動を起こし、猿蟹の大合戦となった。(*The Economist*, 2 Feb., 2006)

日本で活躍している投資ファンドには、欧米のもの、特にアメリカのものが多いが、「会社買収→リストラ→売却」という〝調理法〟を実行しようとしても、日本語ができて経営者にふさわしい人材を確保するのが困難なためか、そういう選択をするケースは少ない。わずかにある日本人経営のファンドで有名なのはいわゆる村上ファンドだが、社長の村上世彰氏も、たとえ、阪神の株買占めの場合、取締役を送り込んでリストラをしようという姿勢は見せても、実は「一部株買収→絞り上げ→株売却」という調理法専門の性格に変わりはなかったようだ。

村上ファンドが最初に注意を引いたのは、二〇〇二年から、二年連続で東京スタイルの株主総会を騒がせた時だった。ついに訴訟沙汰に至らせた村上氏の攻撃的な手法は有名になった。相手取っていた東京スタイルの高野義雄社長は、長く社長の座に座って、ストック・オプションを多くとっていたワンマン社長だった。安定株主の協力会社を動員して、彼は村上提案の決議案をことごとく否決に持っていくことに成功したものの、新聞評などではさほど同情を集めなかった。このケースでは、「泥まみれの日本的経営を刷新しようとする闘士」として、村上氏を持ち上げる人もかなりいた。当時のムードはそうだった。

しかし、二〇〇四年に、日本でかなり活躍していたアメリカの投資ファンド、スティール・パートナーズが、ソトーとユシロ化学工業の二社に対してTOBを働きかけた際には、さすがの市場原理主義者らからさえも、支持するコメントはあまり上がらなかった。ソトーの例は少し詳しく見る価値がある。

株主還元に「目覚める」ソトー

ソトーは、一九二二年創立の毛織物染色整理加工事業中心の会社で、従業員四百人強の、いわば伝統的な日本的中堅企業であった。現在でも、取締役の六人が全員——二人は高校を、四人は大学を——卒業してまもなく入社して、外で働いたことのない、生粋の生え抜きで、自社株を、多くて一人一万五〇〇〇株程度持っている。ストック・オプション制もなく、取締役としては、部長などの給料に平均四〇〇万円程度上乗せした給料を貰っている。

二〇〇三年の三月期決算報告当時、同社の大株主のリストの中で、以前から三—五%程度の株を保有していた外資系株主のうち、バンク・オブ・ニューヨークおよびモルガン・スタンレーの保有高が一〇%程度に上がっていた。それら銀行の名目株主の裏には、アメリカの金融会社二社が、実質保有者として控えており、彼らは、証券取引法にしたがって、財務局に五%保有を超えた報告を行っていた。この二社とは、ケイマン諸島に本社を持つスティール・パートナーズという会社(一〇%分)と、もう一つのニューヨークのファンド(七%分)であった。

当初、ソトーの経営陣にはどういう理由で自社の株が買われているのか見当がつかなかったのだが、スティール・パートナーズの日本代表——元日興證券の営業マン——が訪ねてきて、もう少し株主への還元を考える方が筋ではないですか、と丁寧に指摘したら初めて、これは日本の株主とは違う、厄介な株主になりそうだということがわかった。ソトーの株主資本利益率は年々二、三%という程度で、日本では珍しくなかったのだが、アメリカの平均から見れば不当に低い水準だった。同社は年々、一株一一－一三円という「安定配当政策」をとっていて、株価は二〇〇二年度の後半には、収益水準にほぼ見合った七二〇－八二〇円水準で推移していた。業績のいい年には利益の三分の二を内部で留保したりしており、さらに、売上げの五%程度は所有する土地の不動産賃貸業から得ていて、かなりの蓄えがあった。会社の資産は、毎年の売上高の約四倍にあたる、三三二億円。そのうち現金および現金に等しい資産が四三億円。八〇〇円程度で売買されていた株の一株あたりの資産額が株価の倍の一六〇〇円程度だった。

その宝の山を狙ったスティール・パートナーズが、二〇〇三年を通じて、経営者とどういう交渉をしていたかはわからないが、同年の一二月一九日に、ソトー株の三三・三四%取得を目標に、一株一一五〇円という価格での公開買い付けを発表した(成功すれば、次の株主総会で役員選任の議案を却下することができる比率)。

一週間後、経営者側が、買収ファンドがいかに「当社の事業分野において、事業発展のノウハウや経験」をまったく持っていないかを指摘して、反対声明を出した。翌年の一月一六日には、大和證券グループのベンチャー・キャピタルであるNIF株式会社が、友好的な、一株一二五〇円の対抗的公開買い付けを発表した。それを歓迎した会社の意見表明によると、NIFは株の六六・六七%の取得を目指しており、成功すれば、上場を廃止して、現経営陣が、NIFの融資を使って、株の大部分を取得するMBO(マネジメント・バイアウト)、つまり経営者買い付けが仕組まれる予定であった。

ところが、そう簡単に負けるつもりはなかったスティール・パートナーズは、一株一四〇〇円で買うと宣言した。さすがのNIFも株価がそれを上回るとなると計算が合わないと、引き下がった。経営陣は、やむを得ず、株主たちが買い付けに応じないための〝エサ〟として、株を持ち続けてくれる株主に、初年度の一株二〇〇円から始まって二〇〇六年三月までに、合計一株五〇〇円の配当を行うことを約束した。そして彼らは、負けた悔しさを隠して株主がどんなに貴重な存在であるか、あたかも初めて気がついたかのように、株主への通知を発表した。

更なる財務体質の強化を目指して当社が内部留保に勤めてきた結果、昨今の繊維産業は厳しい状況下にあるものの、当社の自己資本は、今後の中長期的な事業計画に十分耐えられる水準に達しております〔ので〕当社の従前の配当政策を変更することが望ましいものと判断し、株主の皆様への利益還元策として配当政策を抜本的に見直すことといたしました。

株価はたちまち、一四〇〇円をはるかにしのぐ、二一〇〇円まで上がった。会社はこうしてその生存権を約七五億円という高い代償を払って守ったのだった。スティール・パートナーズは、九〇〇円以下で買った株を二一〇〇円で売って、約一五億円の投資を、二年で三五億円にすることにまんまと成功した。これを見れば、世界の富がアメリカに流れていくのは不思議ではない（引用文を含む以上の仔細は、https://info.edinet.go.jp/corpsearch/codeCorpList.do Code 209012）。

いまに始まったことではないが

こういう事件はもちろん二一世紀の真新しい現象ではない。グリーンメーラーという言葉の存在が示すように、株の買占めを通じて経営者を絞り上げる、ソトーのケースのような事件は、昔からあった。一九八〇年代に刊行された有斐閣の『経済辞典』（新版）にも、こういう項目がある。

グリーン・メーラー　ある企業の株式を買い集め、それを当該企業(もしくはその関連企業)に高価で買い取らせる投資家のこと。株式買集めの目的は経営権の支配ではなく、マーケット・インパクトなしに売却益を得ることにある。恐喝状(blackmail)をもじった造語。

記憶に残る事件としては、トヨタ自動車の車のヘッドライトを作る小糸製作所を舞台にした、一九八九年から九一年にかけての出来事がある。麻布自動車グループ社長の渡辺喜太郎氏という日本のグリーンメーラーが、小糸製作所の株を一〇%くらい買い集め、それを小糸やトヨタに買い取らせようとする交渉を始めた。その後これが記録すべき事件になったのは、買い取りを断られて、埒が明かなくなった彼が、アメリカの有名な会社乗っ取り専門家T・ブーン・ピケンズ氏を動員し、株をピケンズ氏の名義にしたからである。より押しが利くだろうとの計算からだった。株主総会に乗り込んだピケンズ氏は、まさに、アメリカ資本主義の威厳を体現する投資家として、帳簿閲覧権を求めたり、「トヨタよりも自分の方が株を多く持っているのに会社が完全にトヨタの支配下にあって、自分指名の取締役を入れないのはけしからん、日本の資本主義はなっとらん、グローバル・スタンダード以下だ」と主張したりした(この時期は、日本政府が、日本型資本主義には構造的に欠陥があるということを前提とするアメリカ政府の要求に応じて、例の「構造協議」に入ったところだった)。結局、トヨタが頑として譲らず、ピケンズ氏は退場した。事件の結果として、証券取引法が改正され、ある会社の株を五%以上持つようになれば、それをすぐに報告しなければならないという規則が新たに設けられ、こっそり株を買い集めることは難しくなった。のみならず、一〇%以上の大株主が買った株を短期間で大量売却する場合には、その儲けの一部を会社が請求できる新しい規則も作られた。その結果、渡辺氏が一一億円を小糸に支払わなければならない羽目に陥った。

こうして、事業拡大を狙った買収ではなく、単なる短期間の儲けを目的とする企業買収をめぐる事件は、何も新しいものではなくて、昔からある「しきたり」である。ソトーなどのケースでは何が新しかったのかというと、次の四つの点だと思う。

(一)　立役者が、日本社会の底辺に生きてきたヤクザ、総会屋、地上げ屋といった山師的な存在ではなく(以上の渡辺氏は、後に強制執行妨害で逮捕・起訴されたのだが)、村上ファンドの村上氏のような東大出身の元官僚や、アメリカの投資家という類の「紳士」である。

(二)　「紳士」であってもグリーンメールまがいのことができるようになった背景には、日本社会で起こった思想的変化がある。「買収される可能性があるということは、企業にとって有益な〝市場の規律〟となり、効率化のための必要条件だ」という市場原理主義者の思想的

「制空権」があまりにも強化されて、このような活動の「正当性」を問う者が少なくなった。一九九〇年に、財界・政界は、こぞって小糸製作所の防衛に回ったのに、二〇〇五年に起こった、ライブドアによるニッポン放送の買収事件においては、トヨタ会長・日本経団連会長の奥田氏が「私の会社でも四、五兆円あれば誰でも買える。それがイヤなら堀江さんの言うように上場しなければよい」と突き放したもの言いをするまでになった。二〇世紀の名著のひとつに、一九二七年のジュリアン・バンダの『知識人の裏切り』(宇京頼三訳、未来社、一九九〇年)がある。進歩的なつもりのインテリが、いかに基本的倫理を裏切って、民主主義の崩壊を来そうとしているかを説いて、ナチス勃興を予言した書としても有名である。日本の改革派のインテリが読むべき本だろう。

(三)ライブドアによるニッポン放送買収事件の際、リーマン・ブラザーズから八〇〇億円もの巨額融資がライブドアの買収資金となったことが示すように、一九八九年当時と比べて、このような活動のために動員できる資金量は膨大なものとなった。

(四)同意による合併も含めて、M&A活動がより頻繁になったため、グリーンメールのような活動のために動員できる、企業評価のための会計学的技術を持つ人材が、当時に比べて今の日本でずっと豊富になった。

商法上、株主が、意見を述べたり、議決権を行使したりする中心的な機関は、もちろん、株主総会である。どこの国でも、株主総会を楽しみにする経営者は少ない。しかし、戦前から、「総会屋」が「立派な」職業として成立してきた日本ほど、「株主総会対策」が熱心に練られてきた国は少ない。一九八〇年代になると、その対策技術はかなり洗練されていた。三月期決算の会社の七〇%が、同じ六月第四週の「集中日」の同じ時間に総会を開催した。そうして、いやがらせに来るやかましい者たちの勢力を分散させるのに成功した。会場の前の方の席に従業員株主を座らせて、決算報告承認、取締役の選任など、経営側の議案決議となると、「異議なし」の合唱の下で、短い時間で、議事をシャンシャンと端折って進行させた。

一般株主――
株主総会

一九七〇年代から刑法の「利益供与罪」の罰則を強化したりして、政府が総会屋全滅を図ってきたが、最近も、たとえば西武鉄道の不祥事があったし、企業法に詳しい弁護士、久保利英明氏が言うように、

第一勧銀事件、四大証券事件、神戸製鋼所事件、クボタ事件、日本信販事件など数々の利益供与罪の摘発にも関わらず、企業と総会屋の不透明な関係は決して根絶された訳ではなく、こうした腐臭を敏感に嗅ぎ取った総会屋は次の獲物を探して徘徊している……。(久

総会屋対策としての「シャンシャン総会」は一応わかるのだが、同時に、会社の「腐敗」――不正や、社会規範に反する会社の行動――の疑いを追及しようとする良識ある個人株主の声までも抑制され無視される結果にもなった。

機関投資家の上陸

しかし、アメリカで一九八〇年代から起こってきていた「株主行動主義」の波が、日本にも波及してきた。画期的だったのは一九九〇年代前半のアメリカの機関投資家の先遣隊の上陸だった。カリフォルニア州の公務員年金基金（CalPERS，以下カルパース）が草分けだった。一九九四年には、同基金の日本企業株式保有額は三七〇億ドルにのぼった。

大きな機関投資家は、ふつう、投資の大半を、いわゆるインデックス・ファンドに当てる。日本の場合であれば、日経指数の計算に使う対象企業全部に、指数計算の相対比重を勘案して、投資する（つまり、A社が指数の〇・七％なら、総投資の〇・七％をA社に投資する）。そうすると、投資の価値を市場全体の歩調と合わせられるし、企業にとってファンドが一種の安定株主になる。カルパースは三七〇億ドルの投資の六割をインデックス・ファンドとして配布して、あとの四割を積極的に運用していた。「積極的」とは、常に市場を見守って、有望な会社の株を買ったり、問題のある会社の株を売ったりすることである。株の発行会社にとって、あるファンドが持っている自社の株がインデックス・ファンドの一部として保有されているか、「積極的」に運用される部に入っているかは、必ずしもわからないので、ファンドが企業に対して忠告・抗議をする場合、売り逃げの脅威をはらむものだと受け止めたほうが無難だ。そうなるとファンドの申し立ての効き目もそれなりに増してくる。

機関投資家は、株主総会に代表を出席させるのではない。総会前に株主に配布する議案を吟味して、紙面で投票をする。カルパースは、利益配分案、取締役選任議案、取締役退職慰労金支給議案、監査役選任議案などに、しばしば反対票を送った。もちろん、議案が否決されるほどの議決権は持っていなかったのだが、後から反対理由を述べる手紙によって経営者の「改心」を促すことを目指していた。株主への利益還元が不充分だ、取締役会が大きすぎる、社外重役がいない、監査役が会社から独立していないなど、批判の基準は、アメリカ本国における活動で適用されていたのと同じ、アメリカ型の「よきコーポレート・ガバナンス」であった。

カルパース自体は少ししか波紋を投じなかったが、それから一〇年経った今では、機関投資家の「声」はより大きく、そしてより組織的に日本の会社の経営室に届くようになってきた。一方、カルパースも含めて、多くの外資系投資家の研究・代理機関として、ISS（機関投資家サービス）という、アメリカの株主行動主義の指導者、ロバート・マンクス氏を会長とする会社が東京に事務所を開いて、ISS加盟のファンドに代わって、毎年二〇〇〇社以上の株主総会の議案を吟味し、会員ファンドに賛成／反対の投票を奨励する活動を行っている。

外国の機関投資家だけではない。二〇〇一年一〇月に、カルパースが六〇社の総会で反対票を出したことを伝えた『日本経済新聞』の記事には、副見出しとして「国内の年金も議決権行使へ」とあった。当時、芽生えとして評価された動きが、この五年間で大いに進展した。もとの厚生年金基金連合会で、多くの会社が厚生年金代行を返上してから、「企業年金連合会」と称している機関がある。一四〇〇社以上の年金基金を代表している同「連合会」は、矢野朝水氏という元厚生年金局長の精力的・積極的指導の下、日本の企業に株主利益一点張りの志向を勧めている。「連合会」は、二〇〇五年総会について、

国内版株主行動主義

株主議決権に当たって……上程された全議案（一三四七社で総計五七七三議案）につき、個別審査のうえ行使した……株主利益の最大化に向けた経営努力がいかに行われたかという観点から総合的に判断を行った。

とメンバーに報告している。「連合会」は、株主利益最大化を企業の使命とする思想の普及のために多角的に活動しているのである。「コーポレート・ガバナンス推進会議」を形成したり、

野村證券に運営を委託している「コーポレート・ガバナンス・ファンド」をも作ったりしている。後者は、コーポレート・ガバナンスの優れている四三社だけに投資するファンドである。企業が、われもわれもと、そのファンドの投資を受けようとすれば、日本のコーポレート・ガバナンスはレベル・アップするという試みらしい。

ところで、同ファンドは何を「よいガバナンス」としているのだろうか。他の投資団体と同じように、アメリカ型のガバナンス構造なのだろうと思われる。同ファンドの案内書のなかで例として挙げられている三つの企業のなかに、アドバイザリー・ボードに社長選任をゆだねた帝人、および第四章で述べたように、アメリカ型ガバナンスの模範とされているＨＯＹＡがあるのを見れば、まさにそのように見える。

ところが、第三の指定企業はなんと、トヨタ自動車である。創立者家族を優遇したり、社外重役を一人も入れなかったり、経営・監視の分離をまったく否定している、トヨタである。どうして、トヨタが「連合会」にとって、「よいガバナンス」の模範になれるのだろう。案内書はこう説明する。「近年の増配や自社株取得といった積極的な株主還元策の実施は株主価値重視の観点から高く評価できる」と。鄧小平の名言を思い出す。ネズミさえ捕れば、ネコが白であるか黒であるかは問わない――。

運用投資資産から言えば、「連合会」が国内株式に投資している約四兆円をはるかにしのぐのは、みずほ信託銀行、三菱ＵＦＪ投信、第一勧業アセットマネジメントなど、投資一任契約にかかわる業務の認可を受けている、一三三の投資顧問業の金融業者である。そのうち日本証券投資顧問協会に加入している一二一社の運用資産残高が合計一〇七兆円(二〇〇五年三月現在。年金基金は同四四兆円)であった。その一〇七兆円のうち、「連合会」と同様に、三分の一が日本の株式に投資されているとすれば、連合会の約九倍となる(ちなみに、東証の総時価総額は当時四〇〇兆円弱であった)。

　これらがもしも総合的に歩調を合わせたとすると、相当な力になるはずだが、株主総会対策は各社個別に決める。どう対処したかについて、投資顧問協会が会員企業の六七社を相手に行った調査がある。回答の合計では、株主総会の議案が積極的に吟味された会社の数は一三五社で、議案の総数は一八〇八だった。そのうち、一五%には反対票が投じられた。前年よりは活動の幅を広げたことになるのだが、「連合会」に比べるとインパクトはずっと低い。

経営層の階級的団結

　なぜ投資顧問業の人たちの方が、「連合会」より手ぬるいのだろう。面白い説がある。信託銀行の経営者たちは、自分も総会屋その他、うるさい連中に悩まされた経験がある。だから、基本姿勢は経営者に同情的で、容赦なく追及しようという気にならない。その代わりがむしゃらに批判精神を発揮するのは、株主利益保護を「公益推進のための使命」としている、「連合会」理事長と投資顧問協会理事長のような官僚ＯＢくらいである、と。

以上の説には実は、重要なポイントが隠れている。イギリスやアメリカでは、経営陣のべらぼうな報酬が常に問題になっている。株主総会で、機関投資家がそれにブレーキをかけるべきだと常に論じられているのだが、実際は手控えられている。なぜなら、社長たちの報酬が公表されている両国では、社長・役員報酬の「世間相場」が立派に成立しているからである。機関投資家の経営者たちが、事業会社の社長たちの報酬水準を批判すれば、自分たちの報酬も問題となるから、「遠慮」するのである。

金融機関と事業会社とでは、いろいろな面で利害が対立的関係にあるということは事実である。しかし、金融機関の経営者も、事業会社の経営者も、経営者階級のメンバーとして、共通な世界観、共通な利害関係を持っている面も多いことを忘れてはならない。英米では、社長たちが活発な労働市場に自ら参加していて、たとえば鉄鋼会社の社長が、生命保険会社の社長になるのが何も不思議ではない。このようなところでは共通な利害関係の意識が特に強い。日本では、生え抜きの経営者たちが、一生を、銀行マンや鉄鋼マンとして通してきているだけに、業界を超えた経営者としての階級的団結の度合いが少ないのかもしれない。だが、企業制度改変の政策などが問題になってくると、それぞれの組織のトップとしての共通の利害意識が無視できない要因となってくるのである。

横道に逸れてしまったが、本道に戻ると、機関投資家は、具体的にどういう問題を取り上げるだろう。

最近の問題点

ＩＳＳにとっても日本の機関投資家にとっても、決議案反対の票は――たとえ特定の経営行動が株主の利益に反するという判断に基づいている場合でも――多くの場合、取締役選任案、役員報酬案、役員退職慰労金案に対する総括的な不信任表示という形をとる。より特定的な企業行動をめがけて、企業の定款変更議案に反対する場合もある。特に、二〇〇五年からかなり問題になっているのは、敵対的買収に対する、(新株予約権発行などの)防衛策を可能とする定款変更議案についてである。ＩＳＳも、「連合会」も、大変厳しい条件(たとえば、防衛対策発動の決定権を会社から独立した委員会の判断にゆだねることなど)を満たさなければ、反対すべきだというガイドラインを作っており、二〇〇五年には三社の総会において、防衛対策のための定款変更議案が、議決に必要な三分の二の賛成票を得られなくて、否決された。

市民運動としての株主行動主義

「もの言う株主」は、株主価値型資本主義を日本で確立させようとする機関投資家ばかりでもない。資本主義の弊害を是正しようとして、企業の不正、不合理な面を追及して正そうとする「株主オンブズマン」という市民団体もある。岩波ブックレット『会社は変えられる――市民株主権利マニュアル』(二〇〇二年)に詳しく書いてあるように、大阪の弁護士を中心として、関西大学の森岡孝二教授が代表を務めている団体で、結成一〇年記念の際、『読売新聞』大阪版がこう評していた。

株主代表訴訟を最大の武器に、不祥事を起こした大企業の取締役の責任を厳しく追及。取り上げた問題は、総会屋への利益供与、談合、贈賄、粉飾決算から、障害者雇用や食の安全にまで及ぶ。……一九九六年二月に結成。同年六月、破たんした住専「日本住宅金融」経営陣らに損害賠償請求訴訟を起こしたのを手始めに、総会屋への利益供与事件では、高島屋や野村証券、神戸製鋼所。銅の不正取引事件で住友商事、リコール情報隠ぺいの三菱自動車……。計約三〇件の株主代表訴訟などを起こした。（二〇〇六年二月二八日）

代表訴訟の場合、不正を追及して悪質役員を懲らしめ、社会をよくしようという「公憤」が根本動機にあるとしても、訴訟を起こすには、被告企業の株主として、自分の株の価値が経営者の悪質なミスによって殺がれてしまったことに対する、完全に利己主義的憤慨にかこつけなければならないという妙な矛盾が生じる。株主オンブズマンが駆使するもう一つの武器――株主総会における発言や株主提案――は、より直接的である。

株主提案をするというのは、なかなか容易ではない。六か月前から総議決権の一％あるいは三〇〇単元の株を持っていなければならないし、総会の八週間前には提案を提出しなければならない。会社の単元指定や時価によって、三〇〇単元は、一億五〇〇〇万円分の株の場合もあるのだから、オンブズマンが提案をするためには二、三十人の小株主から委任状を集めることが必要になることが多い(議案の提出期限が八週間前になったのは、二〇〇二年の商法改正のときだった。それ以前は六週間前だった。株主パワーに対する、経団連あたりの抵抗勢力のわずかな成果だろう)。

過去の株主オンブズマンの活動におけるひとつの成功例は、雪印乳業が二〇〇〇年に牛乳集団食中毒事件を起こしたのに続いて、二〇〇二年に子会社の雪印食品がBSE絡みの詐欺事件を起こした時だった。会社が消費者の信頼を失い存亡の危機に瀕したことで、「消費者団体の代表の社外取締役の選任」と「食品安全監視体制の確立」を求めて株主提案を行って、会社はそれを、受け入れることとした。

株主オンブズマンが最近取り上げている問題は――いずれも定款変更の形を取らなければならないのだが――総会開催日の変更、取締役の個人ごとの報酬開示(現在は、取締役全体の総額を開示することになっている)および、政治献金を中止ないしは開示すること、そして男女共同参画の理念に沿って取締役会の候補者を決めること、という三つである。

報酬開示の提案は、ソニーでは、二〇〇二年から毎年出しているのだが、賛成票は最初の年の二七%から年々増加しており、開示義務を役員全員ではなく、アメリカと同じように、「最高報酬の五人」と修正した二〇〇六年には、四七％となった。トヨタ自動車に対しては、三年連続で同様の提案をしており、賛成票は一六％から二〇〇五年の二五％に増えている。ところが、政治献金開示の方は、トヨタの場合、二〇〇四年の中止の提案も、二〇〇五年の開示の提案も、いずれも五％の票しか集められなかった。

なぜ結果が大きく違うのかと言えば、役員の報酬開示の方は、ＩＳＳの指導もあって、外国の機関投資家も加担してくれているからである。この役員報酬開示の可否については、英米の社長市場の「世間相場」形成も考慮に入れる必要があるのだが、それについては、第九章で論じよう。

企業の対応

トヨタの総会で、株主オンブズマンの代表が女性役員不在の問題を取り上げたら、オンブズマンとは無関係な一般株主からも、支援の演説があった。「総会屋まがい」と見られかねない恐れを顧みず、自由に発言する株主が多くなってきた例のひとつである。株主オンブズマンのような、市民団体的な立場からの質問というよりも、株主の金銭的利害から出た質問(または権力者への純粋な反逆精神から出た質問)が多いのだが、とにかく近年、ものを言う株主が多くなった。一九九三年六月の総会の所要時間は平均して二八分だった。二〇〇五年の六月総会の所要時間は平均にして四八分だった。

企業側も、もうシャンシャン戦術は通らない、株主の活発な参加・質疑応答を歓迎しているかのフリをした方が得だと判断する経営陣が――特に電力会社、ビール会社など株主顧客が多い会社の経営者の中に――ますます多くなってきた。

例えば、例年自社の会議室で挙行してきたアサヒビールは、会場をホテルニューオータニに移して、午後一時から開催した。併せて、試飲会も催したため、出席者は一挙に従来の五倍程度に増加し、所要時間も二時間を超えて、一六人からの活発な発言がなされた。業績が順調であることや、株主が総会終了後の試飲会を楽しみにしていたこともあって、和気藹々の雰囲気のうちに社外取締役を含めた経営陣と和やかな問答が繰り広げられた。

（前掲、久保利英明氏のブログ「経済羅針盤」）

まだ六月の集中日に総会を開催する企業が五〇％を超えているものの、その日を避けて、土日や株主が出席しやすい日にしたりする会社が年々多くなっている。今では電子メールを使うことも可能になったのだが、議案の内容を含む総会招集通知を、法的義務である「二週間前」よりも早く送付したり、株主の書類閲覧・謄写請求に速やかに応じたりする会社も多くなった。株主オンブズマンについても、当初は、もうひとつの総会屋に過ぎない（という、脅威を感じたホンモノの総会屋の誹謗）をそのまま受け取った会社が多かったのに、最近ではその善意

――たとえうるさい奴の善意でも――を承認することが普通になった。同オンブズマンが一九九六年から毎年上場会社に送っているアンケートの最初の回収率は一九％だったのだが、二〇〇五年には五三％になっていた。

3　株主パワー――売り逃げの部

経営者にとっての脅威

経営者が重要な決済事項を熟慮するときに、「こうすれば、次の株主総会でどういう質問なり、抗議なりが出てきて、どう釈明できるだろう」と、考慮に入れる可能性・度合いは昔に比べると少し高くなったであろう。それ自体は、決して、悪いことではない(問題は、恐れている質問が「なぜ余剰人員をたっぷり抱えたままで利益をあんなに削ったのか」であるか、「利益の微々たる増加のために、なぜ工場を閉鎖して、非人間的な首切りをやったのか」であるかということである)。

しかし、経営者の目標・意識・判断に、より強い影響を与えるのは、総会の四八分間で、苦しい思いをさせられるかどうかということよりも、自分の経営がアナリストに批判されて、自分の会社に「売るべし」のレッテルを貼られ、株価が下がっていく恐れの方である。同友会の一九九九年のアンケート調査では、「経営者として、どういう数量的業績指標が今後重要視されると思うか」と聞いており、社長・会長の回答と、それ以外の役員の回答とが分けて報告されている。他の役員の場合は「株価」が選ばれる頻度は一〇項目のうちの九番目だったが、社長・会長となると、「利益」「株主資本利益率(ROE)」に迫る三番目だった(経済同友会『第一四回企業白書』一九九九年)。株価維持がいかに、経営トップの一大関心事になっているかを示すひとつの有力な指標である。一九九九年にしてすでにそうであったのだから、今日同じようなアンケートをやれば、社長・平取を問わず、ますます関心事としての株価維持の順位は上がっているだろう。

株価維持の至上命令

なぜ「ますます」か、といえば、ひとつの理由は「自己固定化現象」という原理にある。世の社長が株価維持を重要視するようになれば、株価の動向が社長の「腕前」の指標となる。そうなれば、株価維持に努力させる合理的計算に、名声欲・自己達成の動機も加わって、社長たちは、より一生懸命に株価に気を使うようになる。一株の株価が三万四〇〇〇円だったころ、ソニーの出井伸之社長は、メディアでチヤホヤされ、名社長だった。が、株価が二〇〇〇円台に落ちると、社長の座から追い出されて当然な、哀れむべき存在となった。第三章で論じたように、最盛時の三万三〇〇〇円にしても、どん底時の三〇〇〇円にしても、ソニーの実質的「企業価値」であるとは誰も思わない。「市場の知恵」を信じるのは、どちらかといえば、「選挙民の知恵」を信ずるよりももっと大きな誤謬だからである。

「ますます」の説明は、個人的な名声ばかりの問題でももちろんない。特に、二〇〇五年春のライブドアによるニッポン放送の買収事件以来、昔は、「日本の風土に合わない」とされてきた敵対的買収が、より現実的な可能性を帯びてくるようになって、株価が下がって、買いやすい会社になれば、乗っ取られて経営陣が追い出される可能性も考えなければならなくなった。名声どころか、自分の首も危ない。また、「自分の首」の問題ばかりでもない。たとえ自分はどうせそろそろ引退する年齢になっていて、疲れて「もういいや」という社長であっても、自分が一生涯働いてきた愛する会社が、いやな連中の手に渡ってしまうとすると悔しさも残るであろう。

敵対的買収と経営者意識

最近の日本でM&A活動が活発になってきたことは確かである。ある集計によると、一九八五年の二六〇件から、二〇〇四年の二二一一件までと、その増加具合は相当な勢いである（経済産業省「企業価値報告書」二〇〇五年五月二七日）。

しかし、形式としてはA社がB社を買収するという形をとっていたとしても、ほとんどの場合は、両者の経営者同士の同意による合併である。同意と言っても、一方が他方の圧力に堪えかねて降伏するという場合もある。とはいえ、ホンモノの敵対的買収――つまり、会社の株を、その経営者の意に反して、時価プラスαの値段で公開買い付けを発表して、経営権を獲得しようとするケース――は増えた。そして、前述のソトーのように、ほとんどは一時的な金銭的儲けを目指す、いわば「資産略奪型」のものであって、被買収企業の事業を継承することによって自社の事業の拡大・補修を図るというような、いわゆる「戦略的敵対的買収」は少ない。ライブドアがニッポン放送を買収しようとした事件と、楽天とTBSの、公開買い付けに終わる可能性をはらんで長引いた業務提携交渉は、わりに珍しいケースである。大企業では、前述のように、三井住友銀行の頭取が、UFJ銀行の東京三菱との合併に横槍を入れようと、UFJ銀行に対して公開買い付けで攻めることも辞さないと脅した例はあるにしても、まだ大企業同士で本番の買収闘争となったことはない。

ライブドアによるニッポン放送の買収事件を契機に、敵対的買収が一般のメディアでも騒がれるようになったのだが、政府、自民党、官庁あたりでその前から論議されていたのは、アメリカの大企業による敵対的買収攻勢の可能性について、であった。企業を買収する場合、従来は株主は現金で株を買い上げなければならなかったのだが、一九九九年の証券取引法の改正において、その二年前の持ち株会社解禁の延長線上で、買収会社の株を提供できるという「株式交換制度」が導入された。ただし、日本の企業同士の場合に比べて、税制上、また会社法の手続き上(株主総会議決の要件など)、外資系会社にとっては、不利な面があった。東京にある在日アメリカ商工会議所もEUの代表部も、自分たちの国では、日本の企業が自由に株式交換方式で企業の買収を行えるのに、日本の差別的な制度はけしからん、と言っていた。その外圧に加えて、改革に熱心な経済学者の「企業売買市場の確立による規律・緊張感が良薬なり」という主張もあった。さらに小泉総理の（二〇〇六年一月の所信表明で確認した）「日本における外国からの投資を五年で倍増」させる政策目標もあって、二〇〇五年の新会社法に外国企業に同じ株式交換による買収を容易にする規定が入ることが二〇〇四年の半ばごろ、『日本経済新聞』などでは、既定事実として語られていた。このころになると、日本の大企業もアメリカの大手による敵対的買収の対象になるのではないかという記事が多くなった。

一九六〇年代後半に、日本が近く資本自由化に踏み切ることがほぼ確実となって、大企業が急いで安定株主工作を固めようとしていたときと似たようなムードであった。金融危機や、新しい銀行の資本構成規制の法律がもたらした、金融機関の株式持合関係の大幅な解体の結果、専門家の計算では、安定株主の株式保有割合は、一九九二年の五〇％弱から、二〇〇三年にはその半分になっている。アンケート調査で「おたくの安定株主は株をどのくらい持っているか」と聞けば、五〇％以上と返事する企業は依然として案外多いのだが、それがどれだけ強がりであるかが問題である。いくら安定株主といっても、時価総額プラス三〇％で株を買い上げようという敵対的買収者にきっぱりノーと言ってくれるほど忠誠を誓った安定株主であるかどうかは別問題。

とにかく、二〇〇四年に敵対的買収の現実味がますます話題になるにつれて、日本経団連あたりでは心配する経営者が多くなって、自民党に働きかけた。その成果かとも思われるが、同年九月に、経済産業省に「企業価値研究会」という私的研究会が結成された(「私的研究会」となったのは、そうすると記録公開の必要がなく、会員に本音を言ってもらえるからだった)。主要なテーマは、敵対的買収に対する防衛策——いわゆるポイズン・ピル——をどれだけ許容すべきか、であったが、同研究会結成時の報道発表(二〇〇四年九月一六日)が、当時の複雑な意見対立をよく物語っている。市場原理主義者の批判をかわそうとする苦心は大変なものだ。

経営権売買市場の善し悪し

まず、「M&Aを促す制度改革を推進することは引き続き重要」であると布石をおいて、〝抵抗勢力〟とは一線を画しておく。そして、並行して、「敵対的M&Aに対する適切な対応策」を検討しなければならないのは、「企業固有の経営資源の過度な流出を防止するという観点」からであるとして、その「経営資源の流出」という大義名分に〝実感〟を与えるため、一見まったく別な問題——「コア人材の引抜きによる(中国・東南アジアへの)技術流出」——を議題に加えている。さらに、株主主権化が徹底しているアメリカでさえ、すでに対応策が常識となっていることを指摘する。

「コア人材の引抜き」に対する懸念などはそのうちに〝蒸発〟してしまって、研究会会員の構成からみても、最終報告書からみても、敵対的買収の方が実質的に唯一のテーマであったのは明らかだった。最初の報道情報で以下の事実が述べられているところを見れば、研究会結成の直接のきっかけとなった大きな要因は、普遍的な市場原理主義に対する——排外主義とまではいわなくとも、少なくともナショナリズムとは言える——批判であった。いわく、外資系投資家の日本株保有シェアが一〇年で六％から二一％以上に増えた。いわく、ソニーの株の六割近くを持っている外資系投資家の約半分がヘッジ・ファンドなど、短期投機的投資家である。いわく、買収能力の指標として、アメリカのファイザー社の時価総額が武田薬品工業のそれの七倍、プロクター&ギャンブル社は花王の一〇倍、ウォルマートはセブン・イレブンの八倍である、など（経済産業省の新聞発表、二〇〇四年九月）。

同研究会が、報告書を出す段階（二〇〇五年五月二七日）となると、ナショナリズムは相当〝粛清〟されていた。問題の所在を説明する報告書の第一章では、排外主義の色彩をいっそう見せないようにする態度がはっきりしていた。そこでは、日米企業の時価総額の差に触れているのだが、それは株主資本利益率および配当性向の点で、日本企業が劣っているからだという説明をしている。日本国内でも、たとえばヤフー・ジャパンの方が東京電力よりも時価総額が高いなど、時価総額の格差は日米間の問題だけではないとも指摘している。また、『日本経済新聞』の世論調査（二〇〇五年三月一三日）を引用して、「従業員の七八・八％が、外資による買収であっても、企業価値を高めてくれるなら構わないと回答している」ところを見れば、買収によって一番影響を受けることになり得る従業員であっても、外資によるものを含めて企業買収に対するアレルギーが減少していると指摘している。そして、研究会の結論を貫く四つの原則のうちのふたつとして、「グローバル・スタンダード」と「内外無差別」を挙げている。

同研究会の産物であったガイドラインに次いで、後に東京証券取引所も、企業年金連合会も、同様のガイドラインを出した。前述のように、ポイズン・ピルとしての新株予約権発行を可能にするためには定款改定の提案を株主総会に出さなければならない。内外の機関投資家がどういう基準でそのような定款改定案に対してどのような態度を取るかを決める場合、かなり影響力のあるガイドラインであった。それを見ると、普遍的な、内外無差別な市場原理主義・株主主権論とナショナリズムの葛藤においては、完全に前者の勝利になっている。(最近のフランスやドイツの世論の動き方の方向とは逆に)。欧米で使う「株主価値」の代わりに「企業価値」という言葉が使われているにしても、意味は同じである。敵対的買収に対する防衛策は、「経営者の保身ではなく……その導入から発動に至るまでのプロセスで、株主全体の利益が極力反映されるような様々な工夫を凝らさなければならない」。その「株主全体」の利益だけを問題とする「企業価値指針が……経営者や株主、投資家、証券取引所、弁護士やファイナンシャル・アドバイザーなどの実務家に共有」されることが望ましい、などなどと。

ここで「実務家」としてリストアップされているのは、モノづくりの世界ではなく、カネづくりの世界の実務家のことである。三宅伸吾氏がその著書『乗っ取り屋と用心棒――M&Aルールをめぐる攻防』(日本経済新聞社、二〇〇五年)で指摘しているように、大学の商法の先生も加えれば、ライブドアなりニッポン放送なりどちらかへアドバイスを提供して大儲けをした「実務家」のリストでもある。

そのような「実務家」以外のステークホルダーは存在しない世の中で生きている人たちの報告書であった。その研究会のメンバーの一人、あるメーカーの経営者に聞いた。「研究会で金融業の人たちと事業会社の人たちとの間に意見の対立はなかったのか」と。「いや、あまりそんなことはなかった。どうせ、発言するのはほとんど商法専門の学者や弁護士だった」という返事だった。株主利益という「大義」よりも「経営者の保身」という〝小義〟だけにこだわっているといわれることを恐れるあまり、本来ステークホルダー論者と自負する人たちでも、ズルズルと、株主絶対論者・市場規律論者に戦場を明け渡してしまっている。

4　株主天下の確立

株主利益が「大義」になったのは、以上見てきたように、「発声」／「退去」両方のメカニズムを通じての過程を通してであった。そして、それが「大義」となった過程がいかに急で、同じような圧力にさらされたドイツなどに比べて、いかに大きな意識の変革であったかを、同じ研究会の報告書が物語っている。

日本においては、従来から、会社は株主のものというよりも、むしろ従業員や取引先、地域社会といったステークホルダーのものであるという考え方が強かった。

たとえば、〔一九〕九五年に発表されたある調査によると、「会社は誰のものか」という質問に対して、米国では約八割弱、また英国では約七割の者が「株主」と回答したのに対して、大陸欧州諸国のドイツやフランスでは約八割の者が「ステークホルダーすべて」と回答していた。また日本においては、九七％の者が「ステークホルダー」と回答していた。

しかしながら、一〇年経った今では状況が大きく異なっている。今年〔二〇〇五年〕三月、日本経済新聞社が行った経営者と市場関係者を対象としたアンケートによると、「会社は誰のものか」という問いに対して約九割は株主のものであると回答している。（「企業価値研究会報告書」、概略）

そして、その意識の変革は経営行動にすでにはっきりと現れ始めている。二〇〇六年四月二〇日の『日本経済新聞』が、いかに景気が回復したかの朗報の一環として、二〇〇五年度に上場企業が株主へ還元した額がはじめて一〇兆円を超えたと報道した。その約半分が配当で、残り半分が自社株買いで株主を間接的に潤した額であると。前年に比べて三一％増である。

以下の**表4**に自社株買いは入っておらず、配当だけを示しているのだが、いかに、株主天下となったかを物語っている。二〇〇五年度の統計はまだ出そろっていないのだが、不景気からの回復パターンがここ二〇年の間どんなに変化したかをまざまざと示している。

円高不況から回復した一九八六―八九年の四年間には、安定配当政策を取っていた大企業はほとんど配当額を上げなかった(赤字を出した一九八六年にもあまり下げなかった)。その代わり、従業員の賃金を相当に上げて、よって、消費拡大↓回復のテンポ加速の効果をもたらした。二〇〇一―〇四年の回復期の同じ大企業の数字はおおいに違う。付加価値は一一％上がっても、従業員はその恩恵に浴するどころか、年次報酬が五％減っている(この数字は一人当たりで、パート、契約社員は入っているが、派遣労働者・請負労働者が入っていないから、正社員減らし・非正規労働者の代替過程は部分的にしか反映されていない)。一九八〇年代に比べて、消費が停滞して、回復のテンポが遅いのはその賃金の動向と無関係でないだろう。

ところが、配当はどうだろう。付加価値の六倍以上のテンポで上がっている。八〇年代ともうひとつ違う点は、その配当総額のどの割合が、日本にとどまり、企業と家庭の支出として景

表4　「株主天下」への軌跡

	1986－1989年増加率(%)			2001－2004年増加率(%)		
	全企業	大企業	小企業	全企業	大企業	小企業
売上高	19	29	7	3	5	10
付加価値	30	18	39	7	11	7
役員給与＋賞与	14	21	13	－4	59	－4
従業員給与	11	14	10	－6	－5	－7
配当	38	6	75	84	71	29
1989/2004売上高/経常利益率	3.0	3.8	2.1	3.1	4.8	0.9

資料：財務省の法人企業統計から算出
注1：売上高，付加価値および配当は1社当たり．役員給与＋賞与および従業員給与は1人当たり．金融業以外の全法人
注2：大企業＝資本金10億円以上の企業．全国の従業員数1980年代約700万人，2000年代700万人
小企業＝資本金1000万円以下の企業．全国の従業員数1980年代約1000万人，2000年代600-700万人

気の刺激となったかという点である。八〇年代に海外へ持っていかれたのは一割足らずだったのが、今、海外投資家の投資が収益の高い企業に偏っているので、配当総額の分け前が、東証株の保有割合(二四%)より大きいに違いない。

しかし、「静かなる株主革命だ」と言う前に、役員給与と賞与の動きを見ていただきたい。疲弊している小企業――利益率がバブル時の半分にまで回復していない小企業――では役員も収入が減った。ところが、バブル時よりも利益率をあげている大企業では、賃金カットをすると同時に役員が自分たちの報酬を配当上昇とそう変わらない率で引き上げている。

「株主革命」というより「経営者革命」といった方が正しいかもしれない。アメリカで一九八〇年代初頭からの「株主行動主義」が進行す

るのに並行して、株主の「代理人」である役員の給料も天井を知らないスパイラル上昇をみせてきた。第一章のダンラップ氏は容赦なく追い出されたが、追い出される前の年次報酬は億ドル単位だった。「人員整理・賃金抑制などで人件費を縮小して収益改善を図った業績がすばらしいので、その功績が報酬上昇で報いられるのは、当然だ」。そういう、取締役会の報酬小委員会の論理が現在のアメリカ資本主義の基本的な要素である。アメリカにおいて貧富の差の激しい格差社会が深刻化している基本的な原因でもある。

日本の大企業も〝先進国アメリカ〟が踏んできた道を〝後進〟しつつあるというのは、以上の表の正しい読み方であろう。従業員の賃金をカットして、自分たちに五九%の賃上げを与える役員はもはや「同じどんぶりの飯を食っている」従業員集団の長老ではない。

――昔々大昔、怠慢な庄屋さんがいましてね、常平倉の修理を怠りました。すると、ねずみが米を思う存分に食えるようになって、ねずみの大反乱となりました。村人はねずみの神様を祭って、丹念にお参りをしました。そして猫も飼いました。家々の主《あるじ》さんたちは、猫ちゃんたちにあげる餌を、ねずみ狩りに最も精を出すように按配するのが非常に上手になりました。――

比喩は失礼かもしれないが、庄屋は政府、ねずみは株主、主は経営者、猫は従業員。付け加えるべきだったが、「中には猫ちゃんを本当にかわいがった主さんもいましたよ」。

「意識の変化」を描いた以上の研究会報告は、日本とドイツやフランスとの比較も行っている。それらの国では同じような傾向が見えても、実態は日本ほど大きな変化は起こっていない。なぜならば、他のステークホルダーの「抵抗勢力」が日本よりずっと根強いものであったからだ。第七章のテーマとして、日本におけるステークホルダー・パワーとその衰退を見ることとするが、その前に、株主天下を好ましくないとする筆者の判断に対する有力な反駁を吟味しなければならない。欧米では「オール株主民主主義論」(Share-holding democracy) の一環として、特に老齢社会が株主優遇の制度を必要とする論法である。複雑な議論なので、次章をそれに充てる。

「抵抗勢力」?

第六章　株主天下の老後問題

1　株主はあなた！

株主重視はエリート思想、従業員重視はイコール庶民重視で、より「進歩的」、左翼的だという「式」はある程度当たり前だろう。しかし、アングロ・サクソン資本主義に対して批判的な「進歩的」欧米の学者でも、直面しなければならないひとつの論法はこうだ。高齢社会では、老後の生活の保障として、貯蓄がますます重要になってくる――庶民にとっても。その貯蓄を将来実り多いものにする、最も有効な手段は株式を大事にすることだ。現代は、庶民でも間接的に株主になっている時代であると。

最近の日本では、支払いを渋ったり、不正を犯したりして、生命保険や年金基金はあまり評判がよくない。しかし、日本のように、厚生年金のような完備した公的年金制度を持たないアメリカだったら、株を持っていない人でも、たとえば前章で登場したカルパースに加入しているカリフォルニアの公務員だったら、ここまで読んできて、抗議を申し入れるだろう。以下のように。

「あなたのウエットな論法は時代遅れ。準共同体云々という、もともと労働者を搾取する偽善のかたまりだった制度へのノスタルジアに惑わされて、重要な事実にまったく目を覆っている。「株主」とは、もはや、あなたが考えているような、太って、シルクハットを被って、シガーをふかして、ふんぞり返っている、漫画に出るような富豪というイメージとは程遠い。もう、生命保険会社や年金基金が主流だ。私のような労働者を含めた一般市民の貯金をあずかって、その貯金の価値が落ちないように、経営者を監視する機関投資家である。それこそ真面目に働かないで、ふんぞり返っていようとするのは経営者たちだから、その監視が是非必要だ。一般市民が汗をかいて作った貯金をあてにして、年老いて楽ができるかどうかは、ひとえに、機関投資家が資本の利回りを高めようとする努力にかかっている」

七、八年前に熱心に401k年金制度の導入を推進した金融業者はまさにこのような意識を日本人に移植しようとしていた。しかし、この論法はいくつかの神話の上に築かれている。

神話① 機関投資家が経営者を監視する

前章で、一九八〇年代のアメリカで株主行動主義の勃興と経営者報酬の天井を知らない上昇スパイラルが同時的に並行して進んだことを指摘した。一九八四年の(401k制度を制定した)年金法が大きな刺激となって、機関投資家の株保有シェアが拡大されはじめたのも同じ時期だった。しかし、その後、機関投資家が経営者の金銭欲を抑制したかといえば、とんでもない。前出のタワーズ・ペリンという報酬問題専門コンサルタントの統計によると、二〇〇三年、日本の時価総額上位一〇〇社の社長報酬は平均して八〇〇〇万円だったのに対して、アメリカにおける売り上げ規模一兆円以上の二七五社の社長報酬の平均は一〇億八〇〇〇万円だった。そして年々、一五—二〇％上がり続けている。

なぜ上がるか。そして、なぜ機関投資家は規制しないのかという、二つの問題がある。前者については、タワーズ・ペリンのようなコンサルタント会社の役割が大きい。毎年調査をして、調査された会社にその集計を報告することを通じて、社長（および財務・人事などの専門役員）報酬の「世間相場」を作る。売り上げ規模△△の企業の平均はいくら、上位四分位、下位四分位はいくらと。各企業の報酬委員会の社外重役たちが、「うちの社長の価値は平均以下とすると、がっかりして働く意欲を害されるだろう。まあ、第2四分位の上の方だろうか」とする。それが、必然的に上昇スパイラルを起こすメカニズムとなる。

なぜ機関投資家は規制しないのか。同じアングロ・サクソン資本主義の国イギリスでは、企業役員の法外な報酬が大きな社会問題となって、労働党政権が、機関投資家に、株主総会で規制するようしばしば訴えている。ところが、訴える効果もなく、むしろ最近では、機関投資家なら議決権行使を法的義務としようという動きさえ出ている。規制しない理由の説明は簡単である。第五章で指摘した経営者階級の共通利害である。機関投資家経営者と事業会社の経営者とが、同じ世間相場が形成される、同じ経営能力市場に参加しているのである。

神話②「株式市場＝機関投資家支配下の市場」

以上のメカニズムにより、アメリカの株式市場においても、日本の株式市場においても、一般市民の年金を扱っている機関投資家の株式保有シェアが拡大していくテンポよりも、途方もない財産を作っていくアメリカの大企業経営層の個人投資を扱うヘッジ・ファンドやプライヴェート・エクイティ・ファンドの方が、拡大のテンポが速い。機関投資家は、準安定株主になれるかもしれないが、投機的株売買をこととするファンドは、株式市場にますますカジノ的性格を与える。

第五章で推計した数字でみていくと、日本の年金基金の株式保有シェアは、東証の約四〇〇兆円の総額のうちの一一%にしか過ぎない。世界のヘッジ・ファンドの元本は一〇〇兆円とされていて、レバレッジ(信用借り)で、運用できる金はその数倍といわれている。

神話③ 今の貯金は将来の負担を軽減

国民年金にしても厚生年金にしても賦課制である。つまり、今年老人に支払う給付の財源は今年集めた掛け金である。したがって、現役労働者対年金生活者の比率が現在の三対一から二〇三〇年の一・九対一になったら、当たり前の給付を与えるのに、掛け金をかなり上げなければならない(今蓄えられている三、四年分の給付に当たる基金はその掛け金上昇を少し遅くするに過ぎない)。それは事実である。

しかし、給付をカットして、個人責任の原理に沿って、企業年金なり、生命保険なり、国民の積み立てる貯金の額を大幅に増やしたとしても、将来の現役労働者の負担は、形を変えるだけで軽減はされない。なぜかといえば、その貯金の使われ方を考えなければならないからである。

老人は貯金の一部を食いつぶすだろうが、主として貯金残高の利回りを当てに生計を立てる。ところが、その利回りは何かといえば、現役の人が働いている企業の支払う配当、利子、地代からくるものである。そして、余計に貯金をした甲斐があるようにするには、それらの支払いを今より大幅に増やさなければならない。

現役の労働人口が一年働いて作る所得(国民所得)は、慣習的に資本シェアと労働シェアに分けられる。一方は、配当・利子・地代など、他方は、賃金・給料・福利厚生費などである。景気の変動によって相当変わるのだが、たいていの国で両者の比率は、およそ、三〇対七〇がふつうだ。

表5は、少し簡単な計算で選択肢を示している。現在、年金の掛け金は労働所得の一五%——つまり、七〇%の一五%だから、国民所得の一〇・五%——が年金制度を通じて老人に移転されていることになる。老人／現役の生活水準のバランスを二〇三〇年まで持ち続けるためには、その一〇・五%を一八%にしなければならないとしよう(実際には、年齢構成だけでなく定年年齢・労働参加率、貯金の元手を食いつぶす率などによって変わってくるが、まあ、一八

表5　ふたつの養老メカニズム(大まかな算術)

	現状	A負担の増加分を全部掛金でまかなう場合	B掛金比率を変えず，老人の生活維持の補塡はすべて貯金からの収入によるものとする場合
資本シェア	30	30	39
老人に回る分	X	X	X+9
労働シェア	70	70	61
掛金を通じて老人に回る分	10.5	18	9
現役に残る分	59.5	52	52

%くらいとしよう)。そのGNPの一八%を老人のために確保するための二つの選択肢を表**5**に示す。Aならそっくり労働シェアから出てくるのだが、Bなら、半分が掛け金、半分が財産収入からくる。しかし、AもBも、現役の人の財布にはGNPの五二%しか残さない(Bの場合の掛け金は、現在の一五%が変わらないとして――61×15＝GNPの9%)。そうすると、いずれにしても働いている人たちの財布に残る分は六〇%近くから、五二%に下がることになる。

以上の厳しい見込みを緩和させる条件は、一つだけある。貯金が国内に投資されないで、海外の、特に中国のような成長率も、資本の利回りも国内より高い国へ投資される場合がそれである。ただ、その場合、ふつうの投資リスクに為替リスクも加わってくるので、それにも限度はある。

厳しい見込みとはいっても、二〇三〇年の国民所得の五二%は、現在のそれの五九・五%より大きいはずである。たとえGNP成長率を控えめに一・五%と仮定したとしても、現役の人たちの生活水準が九％上がる計算である。

二つの選択肢を、仮にそれぞれ「貯金増加方法」「政府移転増加方法」と名づけよう。前者が現実的な選択肢であるかどうかという問題もある。たとえ株主のために経営者が従業員を極力絞り上げたとしても、資本／労働シェア比率を三九対六一にできるかどうかは疑問である。資本の利回りは、その希少性と大いに関係している。世界の一般的な低金利や、あちこちの地価・住宅・株価バブルが示すように、今でも資本が金融市場にだぶついている。日本も他の先進国も「貯金増加方法」をとって、貯蓄率を上げたら、なおさらそうなるだろう。

そのような予測をまったく無視して、日本政府は過去一〇年間政策的に(1)公的年金から民間の私的年金への移行、(2)貯金の投資先として、国債や優良社債のような「安全」な証券より株式への移行、を奨励してきた。後者の政策は、第四の神話と大いに関係する。

神話④　株式プレミアムは永遠不変

リスク・アンド・リターンという「法則」――元も子もなくなる確率が高ければ、大儲けをする確率も高いという(自由市場における投資家の合理的選択がもたらす)経験的現象は株式市場と債券市場の違いに現れているというのは定説である。たしかに、過去四〇年をとれば、ほとんどの国で国債の利回りより株式の利回りが三、四ポイント高い。その差額をエクイティ(株式)・プレミアムという。株価の長期的平均的動向の話である。

生保や年金基金の投資は、多様に分散して、正に利回りの長期的平均的最大化に関心がある。今まで、法律が国民の貯金の安全性確保のため、年金基金などの投資構造に規制を加えて、リスクの低い利回り確定型の投資を多く、リスクの高い株式への投資を少なく、制限してきた。最近はその規制を徐々に緩めて、むしろ株式への投資を奨励するようになった。401k年金制度の導入も同じ趣旨だった。

年金制度の長期展望を立てるとき、ふつう採用されている将来四〇年の利子水準および株式プレミアムの推定として、過去四〇年の経験が繰り返されるとする。ところが、経済の構造的変化は永遠に続く。以上指摘したように、資本がだぶついている世の中になった。バブルが破裂して、株式価値の一〇兆円、一〇〇兆円分がたちまち〝焼き払われる〟ことがしばしば起こる世の中になった。将来の四〇年が過去四〇年の二の舞にならないという保証はまったくない。

2 要は惑わされないこと

そのような神話を根こそぎ取り除いても、年金問題ほど、複雑で、不確実性の要素満載の問題は少ない。社会連帯強化か自己責任貫徹か、のイデオロギーの問題、定年年齢引き上げの限度という社会・医学の問題、政府による所得移転の方法をとる場合の財源確保という課税技術・政治の問題、所得分布、したがって格差社会・治安維持への影響という社会学・政治学の問題、等々が絡んでくる。福祉国家の原型をなしたイギリスでは、何年間か年金問題を議論した挙句、大掛かりな年金審議会を二年にわたって開催して、新案を練った。その審議会案も半年は内閣で大議論の種となって二〇〇六年五月に、いよいよその決着が発表された。国民年金の調整基準は物価連関ベースから所得連関ベースへ戻すことになった。依然として企業年金は確定給付型から、確定拠出型への移行（つまりリスクを企業から個人へ転嫁され、将来の利回りによって給付が変動する不確定給付型への移行）が進行しているが、公的年金制度の生活保護主義一環のセーフティ・ネット型制度への、二〇年来のじりじりした進化はせき止められた。

日本は、公的年金対民間の私的年金のバランスにおいて、まだ公的年金の比重がイギリスより高いが、上述したように政府は過去一〇年間、政策的に、（1）公的年金から民間の私的年金への移行、（2）年金基金の投資規則変更や401k制度の導入を通じて、民間の貯金の投資先として、国債や優良社債のような「安全」な証券から株式へというシフトを奨励してきた。前者は新自由主義への一般的な傾斜の一環であるが、後者は金融業界の変質の一環である。変質とは、伝統的な、「野暮な」、そして儲けの少ない、銀行を中心とする確定利子の融資から、より「面白い」より投機的な、より多様な派生商品を可能とする市場融資への移行をいうのである。**表1**が示した、世の中が金融業天下になっていく過程の重要な変質である。そして、その貯金の投資先を株式市場へ、という動きを推進してきた官僚や金融業界代表は、何を彼らの「専門的知識」として発揮する論法に使ったかというと、以上の四つの神話である。『古事記』の神話が大和朝廷を、ロムルスとレムスの神話が王政ローマを、正当化するに役立った神話であった。生存して後世に伝わる神話はだいたい勝ち組の神話である。金融業界の神話は、例に漏れない。

とにかく、**表1**の数字が示したように、「株主はあなた!」というのは、まだ現実に即した論法になっていない。金融業界の人たちはそれを現実にしようとは努力しているかもしれないが、彼らに惑わされない方が賢明である。

第七章　ステークホルダー・パワー

1　常識の変化

企業経営にあたる者については、株主の利益だけを考えていればよいわけではありません。株主が重要であることは当然でありますが、そのほかにも、企業にとっては債権者、取引先、従業員、地域社会、NPOなど、すべてのステークホルダーに心をくだかなければなりません。結局のところ、ステークホルダーとの良好な関係を維持発展させることが、企業の行動原理である長期利潤の極大化に最も近い道だと思うのであります。

二〇〇二年の七月二二日、日本プレスセンターで行われた奥田経団連会長の演説のひとくだりである。同じような趣旨の言説は、このごろよく聞いたり読んだりすることができる。たとえば、前述の日本コーポレート・ガバナンス・フォーラムは、カルパースの影響をつよく受けて、アメリカ流株主価値型資本主義の導入に努めてきた組織だが、その共同理事長である、落合誠一東京大学教授および鈴木忠雄メルシャン会長が、共同挨拶でフォーラムの使命を最近こう規定するようになった。

経営者の独断を許さず、一方で目先の利益のみを追求しがちな株主の専横を押さえ、また、従業員には公正な競争の場と雇用の機会を与える。こうした理想を実現するための会社制度を考えるのが最大の研究テーマとなります。(http://www.jcgf.org/jp/top.html)

「株主だけでなく、他のステークホルダーも」というのはスローガンとしては結構だが、そのスローガンを唱える財界の人たちですら、いざ会社の売買が問題となると話が違ってくる。学者の「買収される恐れは経営に緊張感を与える企業売買市場特有の規律」という説にはもちろん内心抵抗感を感じるのだが、そう言いにくい。なぜかというと、「緊張感なんてなくて結構だ」といえば誤解されるばかりでなく、企業買収の問題は結局は「株主の判断に任せるべし、所有者としての株主の権利を尊重すべし」という大義名分に挑むことがむずかしい世の中になったからである。「所有権は絶対で、売却権はその所有権の一部だ」という原理が制空権を持つようになったのである。

しかし、尊重すべき株主の権利の中に、敵対的買収者から時価プラス二割で株の買い上げを提案された場合、大喜びで会社にさよならを告げて売り逃げする権利まで含めるなら、どうしてフォーラム会長たちが言うように「目先の利益のみを追求しがちな株主の専横」を経営者が抑えることができるだろう。

株主にそれだけのパワーを与える法制度が、海外から日本に普及してきてから久しいが、株主優遇の商法改正が行われ、経営文化も変化して、この制度は、最近、合法性だけでなく、現実味をも帯び、また、その正当性が「常識」となってきた。

なぜそうなったのか――。

株主以外のステークホルダーの抵抗が生ぬるかったからである。

ステークホルダーとは誰か

ふつう、ステークホルダーのリストに現れる、株主、従業員、債権者、同業他社、業界団体、下請け会社、地域社会などは多様で、異質な存在である。なかには企業制度の改変に対して、「抵抗」を動員する「主体」にはならないものもある。地域社会はそうだ。経営者が、地域社会への影響を考慮に入れることを法律で義務化することは考えられるのだが、全国知事会が政府との交渉において、それを求める発想は出てきそうもない。下請け会社にしても、個別大企業の「協力会社」の組織はあるにしても、会社制度全般について発言できる、すべての協力会を代表するような横断的な組織はない。業界団体にしても、業界他社に対する企業の「義理」の認識を、何らかの形で法的に明確にすることは考えられるのだが、「業界団体総連合会」のような、そういう法律の必要を主張できる団体は存在しない。債権者だけは、まさに、企業に対する「債」について、しっかとした「権」を持っていて、貸借契約の法的な内容に関して制度的な問題が生じると、債権者全体の利害を代表する銀行協会がかなり効果的に発言できる。といっても、株主の利害と債権者の利害が衝突することは少ないので、株主パワーに対する対抗力にはならない。

顧客となると、無力ではない。国家のさまざまな規制によって保護されているし、電気用品安全法(PSE法)など、いわゆるPL法(製造物責任法)を利用して、約束と違うような危険な製品・サービスに対しては、法廷で是正・補償を求めることができる。しかし、そういう「発声」のメカニズムよりも、「退去」というメカニズム——買い渋って、競争相手の製品に鞍替えできる競争市場のメカニズム——の方が顧客パワーの中核をなすだろう。

問題は、従業員である。従業員も銀行と同じように、労働基準法などの保護を受けている限りにおいては、たとえ相手が「株主所有物企業」であっても、債権者と同様に、企業に対して一定の権利を主張することができる。しかし、問題になるのは、「日本的経営」型の「準共同体的企業」において慣習的に従業員に認められた権利である。それは法律が規定する最低限の権利よりずっと幅広く、株主の権利と対抗しうるほどのものであった。

2　「準共同体的企業」の従業員

従来の「準共同体的企業」においては――役員も含めてという広義の――従業員はステークホルダーのワン・オブ・ゼムというより、「従業員主権企業」という用語が頻繁に使われるほど、主要な地位を獲得していた。そのような制度の出現・存続条件には、主に以下の三つがあった。

(1)株の大部分は、株の持ち合いによって安定株主の手にあったこと

(2)人材・技術の確保を競争力のもっとも重要な源泉とする企業文化が普及しており、終身雇用と企業内訓練によるスキルの蓄積がそれを確保するためのもっとも合理的な方法だとされていたこと

(3)終身雇用のコストとして、折々余剰人員を抱えなければならないものの、成長のペースが速かったため、結果としてそのコストが高くつかなかったこと

これらの三条件は、「日本的経営」は高度成長期には見事に機能したが、今は時代遅れ」という陳腐な台詞が当てはまるほど大きく変化してはいない。

(一)（一九九〇年代の）銀行危機によって、安定株主の株式保有割合は多少減ったが、持ち

合い関係を改めて組みなおすことは依然として可能であるし、現に行われている。

(二)人材確保の手段として、引き抜きや労働市場からの調達の方が合理的だという考え方は、多少は浸透してきたものの、経団連会長格のキヤノンやトヨタの社長、会長たちが、伝統的な方法の合理性を終始明言している。

(三)低成長時代に移った結果、終身雇用のコストが高くなったことは確かだが、最近の利益水準を見れば、経済成長率がたとえ一・五―二%程度であっても、致命的なコストではない。調整方法として、一時的には希望退職者を募集し、長期的には、終身雇用の特権を享受する正社員を一割くらい減らし、ある職種にはフリーター・契約社員・派遣社員を充てるようになった(これはこれで、社会問題を起こしているが、その解決策は、非正規労働者の待遇をよくする労働保護政策だと思う。企業にとって、非正規労働の二つの利点は、柔軟に解雇できることと賃金が安いことの二つである。賃金コストが多少高くなったところで、経営難に陥ることはなさそうだし、柔軟性の利点は残る)。

どの意味で「準共同体的」なのか

図1で二つの企業観を描いてみた。そこで見るように、「株主所有物企業」では、経営者は委任されて、株主への還元を最大にすべく、他のステークホルダー(従業員も含めて)と交渉して、少しでもいいサービスをすこしでも安いコストで買おうとする。「従業員集合体企業」では、従業員(より正しくいえば正社員)

が、会社の中に入っていて、他のステークホルダーとなるべく有利な契約をする「会社」の主要な構成員をなす。経営者は、株主の代理人というより、「従業員準共同体」の長老のような存在とされている。この場合の「雇用関係」は、「経営者」という名の雇用者と、「従業員」という名の使用人の間の関係ではなくて、経営者も他の従業員も同じく「会社」に雇われているという関係になる。

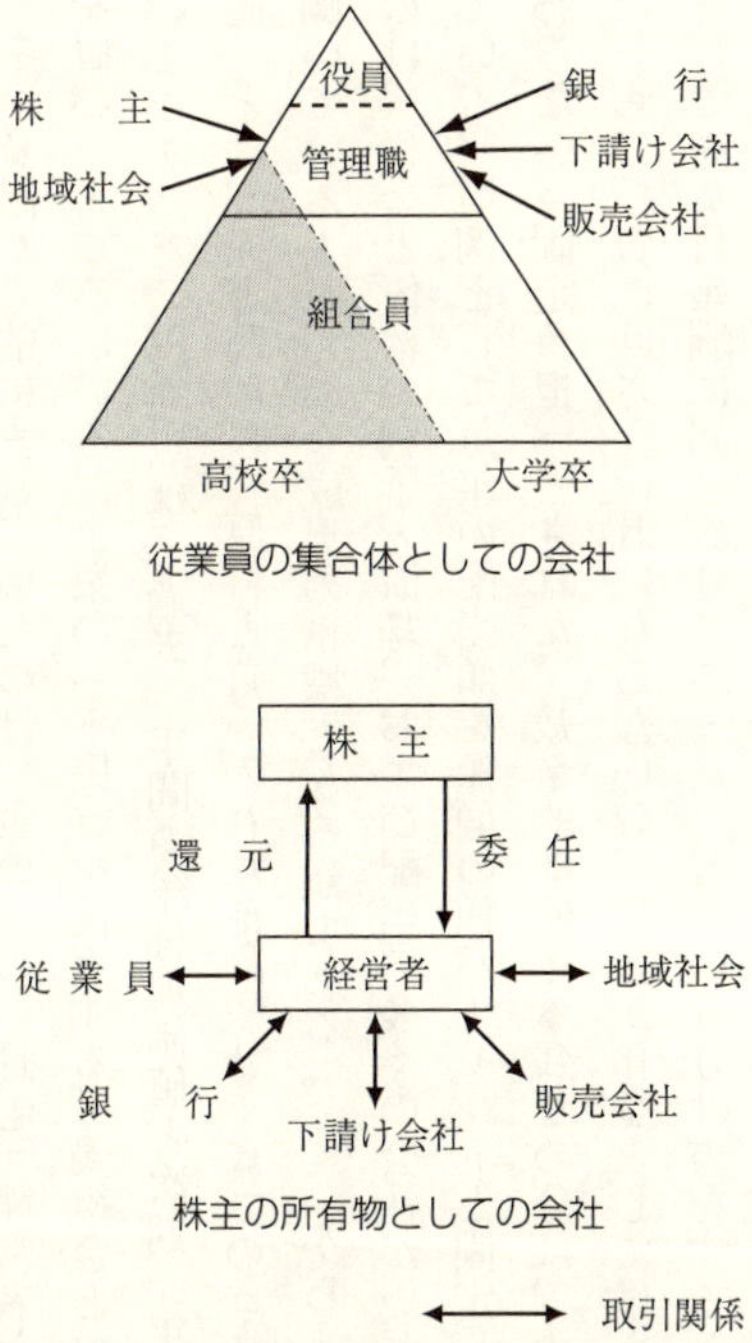

図1　「従業員の集合体としての会社」と「株主の所有物としての会社」

その意識が端的に表れていたのは、雲の上の「長老」経営者たちと、彼らからもっとも距離を置いたところにいる、企業の「平民」を代表する労働組合との間の春闘の賃金交渉の場においてであった。出発点は、過去一年間の総付加価値と次期一年間の予測付加価値(「総付加価値」とは、売上高から、原料と買い入れた部品やサービスのコストを差し引いた額で、会社で働いている人たちの全成果の指標となる額である)。そこからまず差し引かなければならないのは、税金と債権の利子・償却、および配当。多くの会社がいわゆる「安定配当政策」をとっていて、慣例として毎年の配当額を額面の何パーセントと固定していたから、配当も利子と変わらない「固定負担」とされた。裁量的に使える残りの分は、大雑把に三つに分けられた。すなわち、投資に回さなければならない分、現金か預金として備えておかなければならない分、そして従業員報酬に回せる分であった。どういう分け方をするかは、結局、春闘の交渉のポイントだった。組合はなるべく多くを賃金に回そうとしながら、経営側の「会社の将来のため、投資をこれだけ、蓄えをこれだけ取っておかないと無責任だ」という主張にも理解を示した。春闘の慣用句として、「ベアを勝ち取った」「勝ち取れなかった」「負けた」などといった勇ましい言葉が使われることが多かったが、それは賃金交渉が、資本と労働の会社レベルでの階級闘争にすぎなかった、戦後一〇年の名残で、実態はとうに、「春闘から春討へ」と、社内の分け前をめぐる、より穏健なやり取りとなっていた。

「準共同体的企業」の賃金交渉のもうひとつの特徴。春闘で、組合員がベア三%を「勝ち取る」と、組合員でない管理職の給料も大体同じく三%上がったこと(より正確には、管理職給料の総額が上がった——業績によって個々人に差がつけられることは、イデオロギーとしての成果主義が大流行となる以前からあった)。つまり、賃金交渉で「三%ベアは無責任、二%に限定すべし」と主張する経営者は、自分の昇給の限定をも求めていたことになる(本書ⅳ—ⅴページのイラスト参照)。それも、妥協の精神を強める重要な要因であった。

要約すると、「準共同体的企業」が準共同体たりえた——つまり、経営者から現場の労働者まで会社に対してかなり強い帰属意識を持ちえた——主な条件は、以下の二点だった。

(1)自分のキャリアが会社の中で展開されることを前提として、会社の運命即自分の運命であるという意識が一般的だったこと

(2)経営者/従業員の間で会社の事業の成果を受ける一人一人の分け前が、学歴、勤続年数、能力など、社会的に認められているヒエラルヒーの原理に鑑みて、かなり公平に決められているという意識も一般的だったこと

準共同体の融解　中核的なポイントは、農村社会日本の古い言葉で言うと「同じ釜のめし」の意識が管理職・他の従業員間の慣例的報酬格差を支えていたことだ。それが、この本の冒頭のイラストのように変わっているようだ。

実際の賃金交渉の場を観察する機会に恵まれていない筆者は、そう変わった確証を持ち合わせていないが、前述の「部長・課長アンケート」の中には、こういう質問項目があった。

以下の次元で貴社の一〇年前と現在を比較してください。各次元について二つの対極的な状況を規定しようとしました。

A　経常利益に対する考え方

①資金調達能力に支障が出ない程度に配当を維持するが、最大の利益を計上するよりも、従業員の給料・賃金を世間並みあるいはそれ以上の水準に維持することを優先させる経営

⑩人件費も他の経費と同様にできるだけ抑えて、なるべく利益を計上し、株主へのサービスを優先させる経営

B　共同体型・管理層分離型

①トップも含めて管理職の報酬の増減は、一般のそれとほぼ歩調を合わせている

⑩管理職の給料は、従業員の給料とはあまり関係がなく、むしろ利益などの業績のいかんによって動く

その両極に①と⑩と「点付け」をしました。完全にどちらかに合致すれば、①か⑩になります。どちらともいえない場合、①と⑩のどちらかへの近さによって「採点」してくだ

さい。たとえば、一〇年前は二点、現在は八点など。

最初の選択軸を「従業員優先／株主優先」の次元、後者を「労使一体／管理職分離」の次元としよう。回答を平均すると、前者については、一〇年間で四・一から六・八へと「株主優先」の極の方向へ動いた。後者の場合は、三・二から五・四へと「管理職分離」の方向への動きだった。ちなみに、同じような二極選択の形で、「信頼できるメインバンクがあるか」「敵対的買収から効果的に防衛戦ができるくらい安定株主がいるか」「長期展望か株価の動向か、どちらが経営決済の時、重要視されているか」といった質問項目もあった。いずれについても回答者は一〇年間の変化を認めたのだが、それらの度合いは、「準共同体的」性格の指標となる以上の二つの場合より小さい変化と見ていた。そのシフトの大きさを示唆する数字を挙げれば、

メインバンク	〇・九（三・六→四・五）
安定株主	〇・九（三・六→四・五）
長期展望	二・六（三・四→六・四）
株主か従業員どちら優先	二・七（四・一→六・八）
労使一体／管理職分離	二・七（三・二→五・四）

昔は管理職の「給料」、一般従業員の「給料」という言葉が普通だったが、今は、管理職の

「年俸」は利益連関で動き、一般使用人は労働市場が必要とする水準のう「賃金」を貰うという世の中になりつつある。部長・課長の認識はそうであるし、第五章の表4の数字も(管理職一般のモデルとなる役員の報酬に限られていても)それが実態になりつつある説を裏付ける。一九九七年のストック・オプション解禁を第一弾として、企業改革者は、経営者に「株主と利害関係が同一だ」という株主の代理人意識を植え付けようとしてきた。その努力がこうして――完全に過去の惰性を克服したとまではいえなくとも――かなり実ってきた。

もちろん、企業はもともと、あくまで「準」共同体であった。「経営者は株主から委任されているより企業共同体の長老だという意識」と書いたが、日本的経営の最盛期においても、「株主からの委任意識一〇%、企業共同体の長老意識九〇%」といった方が正確だったかもしれない。前章で描いたように、株価維持を経営のナンバー・ワン目標とさせるさまざまな圧力も加わってきて、現在は、その一対九の割合が、逆転したというほどではないにしても、六対四となったくらいだろうか。

分離と格差　このような変化が起こってからまだ日が浅いので、従来の社内給料格差への影響はまださほど大きくないようである。依然として、社長の報酬は従業員の平均給料の一〇―一五倍程度らしい。社長でなく役員の報酬については『日本経済新聞』が二〇〇四年に行った「主要企業一〇〇社」の調査があるのだが、それによると役員報酬の平均は三二〇〇万円だった(二〇〇四年七月三日)。平均はそうだが、分布は幅広かった。二六社では二〇〇〇万円以下であり、日産自動車では二億円と、ずば抜けて高かった。

社長報酬が、社内で決まる形から、社外重役を入れた報酬委員会の裁量も入るようになると、今まではかなり報酬水準を抑えてきた役員たちの自己規制の精神が弱まるとも考えられる。ましてや、英米のように、第六章で紹介したコンサルタントの役割が大きくなって、天井のない上昇スパイラルが始まるとそうである。社会全体に貧富の差が拡大していく格差社会の重要な源泉ともなってしまう。「英米の轍を踏まない」と公言する経営者もたくさんいるだろうが、アメリカに旅行して、自分と同程度の会社の社長宅へ招待されて、その豪奢な邸宅やヨットなどをみたり、何千万ドルもの年収の話を聞いたりして羨ましく思う日本の社長もたくさんいるだろう。日産の役員給料の場合にも見られるように、海外からの直接的な影響もあるだろう。

そういう傾向をさらに加速させそうなのは、例の成果主義である。成果給の二つの面が関連してくる。

まず、従業員の間の協力／競争のバランスを、競争重視の方に変化させる。そうすれば、それ自体、「準共同体的意識」を侵食する効果を持つ。また、経営者の業績はどう計るかというと、もっとも簡単な指標は利益である。賃金を抑えることによって利益増大を図ると、社長の給料がそれだけ上がる。一九九五年のストック・オプション解禁のとき、新日鉄グループの合同製鐵の佐々木喜朗会長が、『日経産業新聞』(一九九七年七月二一日)にこう書いていたのを思い出す。

会社の実績は個人というよりは、集団としての取り組みによって向上するように組織されている……私自身も、急激な円高に対処するためのリストラの旗振り役を務めた経験がある。一応リストラの成果も上がって、会社も黒字化したが、これとても集団の力である。仮に旗振り役としての私の業績が評価され、与えられたストック・オプションの権利を行使して、大きな収入を得たとしたなら、私自身は、落ち着かない気分になったに違いない。周囲の人もこころの底で納得しないのではないだろうか。

当時の『日本経済新聞』を洗いざらい見てみても、ストック・オプションに「待った」をかけようとした声は佐々木氏のこの記事だけであった。このことは、経営者層に日本的経営や「準共同体的企業」を防衛しようとする意思がいかに欠けていたかを物語っている。

3　労働組合が従業員ステークホルダーの利害代表か?

手をこまぬいて、「準共同体的企業」の崩壊を傍観してきたのは経営層だけではない。組合もそうだ。春闘の勝ち負けの闘争用語が、今になって、労使協調の一九五五年体制を覆して、ようやく、真実を表現する用語となりつつある。資本提供者との一体感の下で、利益の拡大を目指す経営者層と、賃金の上昇にしか興味を持たない労働提供者とのあいだの階級的対立という、戦争直後の状態が今、企業内で再生されようとしている。違うのは、一九五五年以前には組合に「闘う」意欲も力もあったのだが、今はそれがないということである。

なぜ労働組合が抵抗しなかったか

日本的経営・「準共同体的企業」を築くのに重要な役割を果たしてきた労働組合が、どうしてじりじり進んだその体制の解体に抵抗しなかったのか。

まず、二つの点でものわかりがよすぎた。グローバル・スタンダードの点と不景気脱出方法の点である。

日本におけるグローバル・スタンダード適応論(以下GS論)には、四種あったと思う。

(1)まず、「洗脳世代」のそれ。アメリカで、所有権の絶対性を原理とするアメリカ型法理を学んで、それを信奉するにいたった法律学のPh.D.取得者たちや、資本の利回りを経済効率の唯一の指標とし、企業売買による市場の規律が効率性確保の最適な方法だと信奉する経済学のPh.D.などによるGS論

(2)慎重な「止むを得ない」論者。外資の企業の経営者たちに本国で享受しているのと同じ

ような権利／同じような環境を与えないと、日本に対する報復が怖いという理由から、渋々適応しなければならないとする官僚・政治家のGS論

(3)労使協議会・協調主義などといった、厄介なものに頓着せず、自由に独断的経営ができるアメリカの経営者を羨ましく思う経営者のGS論

(4)アメリカが強くて繁栄している。日本は弱くて不振である。だからアメリカを手本とすべきだという――四〇年前の言葉でいえば――〝ミーちゃんハーちゃん〟のGS論

経営者が、世界の動向がこうなっており、我々は適応しなければならないと主張すると、組合の指導者の多くは、往々にして同調したのであった。「グローバル経済下のメガ・コンペティション云々」をいう経営者たちが、GS論の(3)なのか、(4)なのかはわからないが、組合の指導者は、単純に(4)の〝ミーちゃんハーちゃん〟的な受け止め方をしていた場合が多かっただろう。

それから、不景気脱出の方法に関してだが、「会社は逼迫状態にあるから、ベアゼロはもちろん、ボーナスも大幅に減らさなければならない」という経営者の主張に対して、あまり抵抗しなかった。

もっとも、個々の組合にとっては、経営者が企業の財務状態を正直に説明しているのならば、抵抗しないことは無理もない、賞讃すべき責任感の表れだといえる。しかし問題になるのは、

国家レベルで、全国の企業を代表して、春闘で組合側の音頭を取るべきだった連合の役割である。

イギリスの一九九二年の選挙で所得政策の話が再勃発した時、多少参考になるかと思って、オイル・ショックの少し前の一九七三年の春闘時に、総評・同盟・日経連など、諸団体の代表が「今年の賃上げ率はどれだけが妥当か」について行った、いろいろな集会での議論の記録を調べたことがある(R. Dore, T. Inagami, and M. Sako, "Japan's annual economic assessment", London, Campaign for Work, Oct., 1991)。

労働者代表の姿勢は印象的だった。国民経済の健全性を確保する責任を組合も分かち合っているという前提にたって、かなり洗練されたマクロ経済学的議論を展開していた。これから一年のドル/円為替レートの動向はどうなるか、それによる輸出の見込みはどうか、インフレ、個人消費、貯蓄、企業投資などはどうか、したがって、インフレを加速する需要過剰を起こさないで、適当な成長率の維持を確保する賃金水準はこうだ……といったような論法だった。この時期の新聞の経済面は、このような、労使双方の主張——および決着として「世間相場」は何%に落ち着くだろうという予測——で一杯だった。

「国民経済」という言葉が表すように、マクロ経済政策の形成過程は国民全体が参加できるプロセスとされていた。討論の結果が一種のガイドラインとなって、個々の企業の交渉結果として「春闘の世間相場」が形成され、それが大企業と中小企業との間の二重構造的な賃金格差を軽減する効果もあった。

ところが春闘にそういう効果があっただけに、中小企業の経営者にとっても、景気のよくない大企業の経営者にとっても、圧力をかけてくる邪魔者でもあった。「国民経済」よりも、自分の会社にしか興味を持たない企業エゴイズムが、経営者層にも、主要労組の指導者にも普及してきて、春闘廃止運動がだんだんと強まり、しまいには日経連を解体して経団連に組み込むところまでいった。これによって、もう、マクロ経済政策を、広く国民参加の下で、集中的に討論する場がなくなった。

過去一〇年間、日本経済の悪夢となっていたデフレをどう立て直すかという論争では、労働組合の声はほとんど聞けなかった。必要だったのは「逆所得政策」だった。ここで「逆」というのは、所得政策と言えば、ふつう賃金を政策的に抑えることをいうのだが、オイル・ショック当時のような国益意識を分かち合って、中央レベルでの労・使・官協議がうまくいっていたならば、賃金を政策的に上げることによって、デフレから脱出することも考えられたはずだからである。経団連、連合、大蔵省が、話し合いの結果、一般的な賃上げが景気回復に貢献すると判断したら、それを国益だからと、各社に勧める。それに応じて各社が協力したら、労働コストが上昇し、物価も上がり、デフレから緩慢なインフレに移って、中国への輸出需要が拡大することを待つことなく景気回復が早められたはずだ。競争相手同士が一斉に賃上げをするならば、誰の競争力も害されない。ところが、そういうマクロ経済を見極めての呼びかけは、労使ともにできず、各社が切り詰め、切り詰めをして、企業組合の指導者たちも「わが社」しか念頭になく、賃金カットに協力して、デフレがさらに加速された。連合は、加盟組合のそのミクロ計算の総計を反映するだけで、独自のマクロ見解を述べることはできなかった。

日銀の中にさえ、そのような「逆所得政策」の必要を考える人がいた。二〇〇一年にその説を唱えた論文を当初「とんでもない暴論」と評した日銀のある役員が、二年後に、デフレが長引いて誰もが悲観していた時に会ったら、「あの逆所得政策については考え直した、問題は日本の労働組合が弱すぎる、ものわかりがよすぎることだ」と言っていた。

労働組合弱体化の諸要因

なぜ、一九七三年のオイル・ショック時にはあれだけ日本経済に重要な役割を果たし得た労働組合が、二〇〇〇年のデフレとなったら、すっかり政策論争への参加さえできない存在になったのだろうか。なぜ、連合の研究所である連合総研が、『衰退か再生か：労働組合活性化への道』(勁草書房、二〇〇五年)という本を出しながら、説得できるような「活性化への道」を指摘するのに成功しないのか。理由はいろいろあると思うが、主なものはこうではないかと思う。

(一)　製造業の大企業でも、現場で働く高卒の従業員がぐっと減って、大卒の数が増えてきた。多くの組合では、まだ管理職にはついていないが、将来役員にもなることを目指すような大卒の方が、役員になる見込みのない高卒の人より多い。

労働組合の指導者が社長になることが日本的経営の特徴だということがよくいわれてきたが、二つのまったく違った現象を混同してはならない。大正生まれの大卒の人(中には「マルクスボーイ」の経歴のある人)が戦争直後の混乱期に、正義感に燃えて組合運動に没頭して、組合の委員長になる。こういった人が、組合の指導者となりえた指導力のおかげで、後に社長になった例がひとつの型だ。

もうひとつは、一九五〇―六〇年代以後に生まれた世代の大卒が、組合の協調性が常識になってきた時代から会社に入って、自分の指導力を見せる昇進に有利な機会だろうと計算して、組合の役員になる。こういった人のその戦略が成功して、ゆくゆくは社長になるというケースだ。有望な人材と見込まれて、「お前、しばらく組合をやったらどうか」と人事部長に肩をたたかれてなる例もあろう。

いずれにしても、こうして、経営者との対立において、自分が厄介者、変人と睨まれないよう加減するような組合指導者が多くなった。

(二)　もう一つ大いに変わってきたのは、教育制度である。一九五〇年以前に生まれた世代の人たちのなかには、非常に頭がよく、学校の成績も一流国立大学に入れるくらいの人でも、家庭が貧乏で、中学校を出てすぐ大企業の養成工訓練所に入るか、直接現場に入るかしなければならなかった人がかなり多かった。そのような優秀な人が組合の指導者になり、QC(品質管理)サークルの指導者にもなった。学歴社会の規範として、会社の役員になる見込みがないので、組合長として、現場労働者との一体感が強くて、しかも知識、判断力、分析力の点で、決して経営者に劣らない頭を持っていた。

教育の機会均等が進んで、大学への進学率が高まり始めた一九六〇年代となると、そのくらい頭のいい人なら、学校の先生の目でも、親の目でも、何とかして大学へ進学させなければもったいないということになってきた。優秀ならいい大学に入って、すうっといい会社の経営者コースに乗る。こうして、経営者と知的に対等な立場で討論・交渉したりする能力のある人が昔に比べて少なくなった。

(三)　国の政治から階級意識に基づいた対立軸がだんだん消えていったことも重要な要因だろう。社会党の〝蒸発〟と春闘の〝蒸発〟とが並行して現れた現象であった。連合は、政治的代弁者として民主党に働きかけているが、規制廃止・小さな政府主義の観点で小泉総理よりも新自由主義者的な「若手」を多く抱え、「左翼的」性格のまったくない民主党を通じて「労働者のため、貧乏人のため」の政策を推進しようとしても無理である。

反体制勢力として残っているのは、共産党および共産党系の全労連、それから、政党との関係のない全労協だけだが、いずれも実際の政策に影響を及ぼす可能性はほとんどなく、政治の中心地から締め出されている。「体制順応的な」連合でも政策的勢力として強力とは決していえないのだが、他の団体に比べてまだ「発声」の機会がある。その他の団体がいかに締め出されているかの度合いを以下の数字が物語っている。

「連合」対「全労連＋全労協」の比較

組合員数　約六七〇万人 対 一一一万人

政府審議会委員数　三七人 対 〇人

中労委・地労委委員数　二六三人 対 九人

労働審判員数　四三四人 対 五七人

日本の組合運動が、「戦闘期」から「協調期」へ移ってからでも、たとえば一九七〇年代に、まだストライキやデモが日常茶飯事で、基本的には協調的な組合でも、無理なことを言う横柄な経営陣に対して、ストライキという、組合の交渉力の基礎である武器を展開するのに組合員を動員することはそう難しくなかった。ストライキ・デモが珍しくなった現在では、困難になってきた。

(四)　以上の長期的傾向の他に、特別な短期的な要因もある。すなわち、デフレである。春闘の賃金交渉の出発点は、慣例的にインフレによる生活費上昇を埋める最低ベース・アップだった。それに企業の成長・業績を分かち合うプラスαはどれだけかということをめぐっての交渉だった。ところが、もう一〇年近くデフレが続いて、インフレ対策という賃金上昇どころの話でなく、名目賃金がそのままでも、実質賃金が上がった。交渉の出発点がなくなって、春闘の賃金交渉が形骸化し、会社によっては毎年の春闘交渉が廃止されて、給料体系が労使協議会のひとつの確認事項、もしくは協議事項となったところもある。

たとえば、『生産性新聞』(二〇六一号、二〇〇三年三月五日)によれば、キヤノンでは二〇〇二年から成果主義に基づいた、「新賃金制度」を取り入れた。その労組は、「制度の運用に際して、賃金・一時金の原資やその配分状況などの運用を確認し組合員に広報するとともに、新制度の仕組み・考え方の理解促進にむけた活動を実施している」。

給料総額を、従業員全体の平均賃金上昇率如何という分かりやすい形で交渉することは、「差をつける」個別賃金制への移行が大義名分になってからは、もう時代遅れとなった。「平均」にはあまり意味がなくなってきた。組合が「平均」なんぞにこだわらなくて、経営者が指摘する「原資」を「確認」して、平均よりもその「分布」の正当性の「理解促進」に努めるのである。労働組合運動の動向を細かく観察してきた権威の一人が、こう結論する(以下はその私信)。

過去一〇年ほどの間の、「グローバル経済下の経営革新」をめぐる議論の中では、「集団的労使関係」や「団体交渉」は、「個別労使関係」、「会社と個人との取引き」に道を譲るべきだ、という主張が、ますます「主流化」しました。もはや、大手の企業別組合では、「春闘」や「団体交渉」という言葉は、「政治的言説」として死語にすべきものとされ、事実、もはや死語になっているのかもしれません。

生きている言葉は「給与体系」に関する「春討」である(日本経団連『新たな時代の企業内コミュニケーションの構築に向けて』二〇〇六年五月一六日、参照)。

労働者の声がほとんど聞こえない

組合がどうして株主重視への傾斜に抵抗しなかったかという問いは、個々の企業の企業別組合についてなら、以上の事情が充分な説明になるかもしれない。しかし、企業を超えて、全国の組合員の声となっているはずの連合は、どうして株主重視主義を日本経済に植えつけようとする諸法律に「待った」をかけることができなかったのか。否、むしろ、どうして抵抗しようとしなかったのか。

商法を改正するなら、従業員の声を経営に反映させることを何らかの形で法的に制度化すべきだという主張もわずかながら、日本で聞けないこともなかった。『経営民主主義』という立派な季刊雑誌を出している「経営民主基本法制定推進ネットワーク」が一九九五年に創立されて、主に推進した構想は、労働者代表の監査役選任、および労使協議会の法制化である。二案のどちらがより組合の支持を受けやすいかというと、後者である。従業員代表監査役なら、代表としての監査役選挙に参加する従業員は労働組合員に限る必要はないので組合の影響外になりがちだし、単一選挙区か複数選挙区かという難しい問題も起こる。労使協議会の法制化なら、労働組合の既存の役割、既存のアイデンティティを強化するだけだ。

しかし、いずれの案も、主流メディアで論ぜられるような段階までに議題にするのにネットワークが成功しなかった。そのネットワークの理事には、東京・大阪両方の連合事務局長、その他労働組合の書記長・会長もいるのにもかかわらず、熱心な主導者になる人はわずかなようだ。一橋大学の伊丹敬之教授が、一九九九年の論文で提案しているような、社長選任の条件としての従業員による信任投票案（国立大学の総長の場合のような）も、ほとんど取り上げられない（『日本型コーポレートガバナンス——従業員主権企業の論理と改革』日本経済新聞社、二〇〇〇年）。

最も重要な二〇〇二年の商法改正を例にとれば、まず、法律作成に当たった審議会に、連合からの参加は皆無であった。二〇〇一年の六月に要綱試案が公表され意見募集が行われたとき、意見書を出したが、翌年の四月一六日に、その意見をほとんど無視した法案が国会に提出されて、採決される三日前に、連合総合政策局長が参考人として委員会に呼んでもらうのに成功した。そこで彼はおおむね三点を強調した。（1）会社会計書類の閲覧権は株主ばかりでなく、従業員にも与えられるべきこと、(2)貸借対照表ばかりでなく、損益計算書も公告することが義務化されるべきこと、(3)および監査役に従業員代表選任枠を作るべきこと。

連合の執行委員会への報告によると、その時の質疑応答の中で、佐々木秀典民主党議員が以下のような意見を述べたことを一応の成果としている。

今回の法改正により、企業はより株主利益を重視した経営を行うこととなるが、最近の企業不祥事では、従業員の解雇や賃金カットなど、従業員の利益が損なわれることが多く、ステークホルダーである労働者の利益保護の観点からも、監査役や監査委員会に労働者代表が選任され、みずから経営を監視することも重要だと考える。ただし、今回の法案にそうした事項を盛り込むには、議論が不十分であり、別途検討すべきであります。(第八回中央執行委員会/二〇〇二年五月一六日、資料一の六『闘争本部ニュース』07-00076)

会社法改正が連合の執行委員会で取り上げられたことは一度もなかったそうだ。なぜかというと、当時の連合としては、労働基準法改正や年金の問題を優先していて、「政治的資本」をそちらに集中的に使っていたからだという。「株主は今までなおざりにしてきた。やっぱり所有者だもの」という論法は多くの企業組合の指導者にとって挑めない正論のように見えたということもあった。

なかには、経営参加に乗り出すと、組合に手かせ足かせがかかって、団体交渉における交渉力が弱まるとして、あらゆる形の経営参加を排撃する人も一部いた。過去、欧米の組合運動でよく聞いた論法である。階級闘争が激しかった一九一九年のドイツでは、「工場委員会制度設立法」採決の日に、国会前の組合の反対デモがしまいには暴動に一変して、警察に六人も銃殺された。日本でも大正時代に協調会(労使協調を目的として一九一九年に、政府・財界が出資し、ストライキや小作争議の和解に奔走した民間機関)が推進した工場委員会に対して、「労働者を抱きこむ敵の策略」として反対する人もいた。

現在、ドイツで、企業の監査役会の席の半分を従業員から選ばれた代表が占める共同決定制度を、新自由主義者・株主価値論者から断固として防衛しようとしているのは組合である。現在の日本で、階級組合から企業組合への進展は半世紀前に終わったのに、交渉力弱化の恐れ云々を語るのは少々おかしいと思う。

それでも、先に引用した国会議員が従業員参加の理由として不祥事による労働者の損だけを挙げて、なぜ、たとえば、こう言わなかったのだろう。

「企業の従業員の一体感の条件として経営参加が重要である。その一体感が日本の企業の強みであった。株主の利益を強調するあまりそれが損なわれつつある。そのすばらしい伝統である協調体制の制度的な支えを作り直さなければならない」

なぜ言わなかったかといえば、「その一体感こそ労働者をだまして搾取する資本家の戦術に過ぎない」と非難されないように、という懸念からでは、おそらくない。むしろ、「やはり会社は株主のものだから」という考え方が常識になっていたから、そういう「時勢」だから、だろう。

どういう「時勢」かといえば、「協調」「一体感」などは、まったくクールでない、陳腐な、古臭い概念になっている時勢、「時価総額世界一」を目指す、まことに挑戦的な、ダイナミックな、輝かしい未来を開く若手企業家が、一人や二人は時に逮捕されることがあっても、まだ週刊誌のアイドルとなっている時勢である。

短期の株主利益優先の行動が、時として反社会的行動を招く事態に発展しており、必ずしも中長期的な企業価値の向上とは連動し難いことは明らかであります。また、株主のみならず、広くステークホルダー全体の利益を図ることも重要であると思料いたします。（日本監査役協会「会社法施行規則案等に対する意見」二〇〇五年一二月二八日）

日本監査役協会が何に刺激されて以上の意見を公表したかというと、新会社法の施行規則の案が発表されてのことであった。その案の中で、法律自体にはそれを正当化する根拠もないのに、法務省の急進的な役人が、「取締役の責務」として、取締役の行動が「株主の利益の最大化の実現に寄与するものであること」に留意することが第一だという作文を〝密輸入〟していたのである。

そのむき出しの株主価値論に対して反発する意見が他からもかなり出たらしく、二〇〇六年二月にいよいよ規則が公布されると、事務的な規程に限定されて、一般論の作文は全部削減されていた。取締役の使命については、依然として、会社法本体の第三五五条、

取締役は、法令及び定款並びに株主総会の決議を遵守し、株式会社のため忠実にその職務を行わなければならない。

という「会社実在論」を取り入れた条項が残っているだけである。

ホリエモン失脚の効果

二〇〇五年一二月の規則案の発表と、翌年二月の規則公布の間に何が起こったかといえば、〝ホリエモン〟(堀江貴文氏)失脚の事件である。株主天下確立を目指してきた急進的な改革論者にとってかなりの打撃であったらしい。元気付けられた「抵抗勢力」の野次にめげず、「弱者救済というお題目の陰で跋扈する既得権益の無駄の排除、市場経済の効率性導入」など、小泉改革の「本来の趣旨の再確認」を呼びかける人も一方にはあったが、カネづくりのマネー・ゲームに走る世の中が狂っている、「日本的経営」のよさを再検討すべきだという声の方が元気があった。

その顕著な例は経団連の奥田会長の二〇〇六年一月の日本経団連主催の労使フォーラムにお

ける演説である。「NIKKEI NET」(二〇〇六年一月一三日、http://www.nikkei.co.jp/)には、「経団連会長「日本的経営正しかった」講演で見解」という見出しで紹介した演説を行った。新しい、いい傾向の例である。アメリカだったら、バブルの後には、失業率がすぐ一〇%に上がったはずだが「日本の雇用慣行は全然アメリカ型にはなっていない」おかげでその半分ぐらいに抑えることができたという。また、アメリカだったら不景気にはすぐ研究開発費を切り詰めるのだが、「多くの企業では文字通り身を切るようなリストラ」を責められながら「歯を食いしばって将来にむけた研究開発や人材育成への投資を続けてまいりました」。だから不景気から脱出できた、と。

2 CSRブーム

改革機運後退の第一期

もっとも、「日本的経営を考え直そう」という動きはホリエモンの失脚事件で始まったわけではない。エンロンやワールドコムの破綻、ナスダックの暴落で、輝かしいアメリカン・モデルにかげりがついた二〇〇一年にも、「抵抗勢力」に元気が出た時があった。その一つの結果は「企業の社会的責任」(コーポレート・ソーシャル・レスポンシビリティ、略してCSR)のブームだった。

最近少し引き潮だが、一時は、東京大学教授の岩井克人氏に言わせれば、CSRブームでなくて、「CSRバブル」だった(『日本経済新聞』二〇〇四年五月二四日)。二〇〇三年三月の同友会の「「市場の進化」と社会的責任経営」(経済同友会『第一五回企業白書』二〇〇三年)をはじめ、CSRに関して報告書を出さない経済団体がないくらいだった。大企業も、揃って、老人ホームで手伝っている部長たちボランティアの写真などを入れて、わが社は、いかに「よき市民」であるかを説明する報告書を出している。

英米でも周期的に巡ってくる話題である。一九七〇年代の後半、中小企業を圧迫する大企業の経済支配が永遠に強化されそうであったころ、イギリスの国立社会経済研究機関が企業の社会的責任を検討する作業部会を作って、私も、後にノーベル経済学賞を取ったアマルティア・セン氏と哲学者のアルフレッド・アヤー氏と一緒に参加した覚えがある。最近も、主としてエンロン事件、そして社長たちのとんでもない報酬水準への社会的批判、それからアメリカのナイキ社による発展途上国における生産拠点での酷い労働条件についての暴露などに応えてだろうが、また英語圏でかなり議題に上がっている。「社会的責任」と標榜して会社の果たすべき「義務」という、倫理的な立場を強調する議論もあれば、「名声資本管理」と称して、利潤最大化の手段とする場合もある。あるビジネス雑誌が載せた記事を編集者がこう要約している。

高い名声資本を確保することは、資本、顧客、人材など、他の資源へのアクセスをよくし、万一、不祥事が起これば一種のクッションの役割も果たせる。（Paul Goldsmith, "Corporate reputation management", *Critical EYE*, Dec. 2004-Feb. 2005, http://www.criticaleye.net/）

「名声資本論」の理論的根拠は、いわゆる「開明的株主価値論」、別名「洗練された株主価値モデル」である（稲上毅「株主重視と従業員重視」、稲上毅・森淳二朗編『コーポレート・ガバナンスと従業員』東洋経済新報社、二〇〇四年）。

開明的株主価値論

いわく、「株主所有物企業」を正当化する「株主価値論」――経営者は株主の利益だけを眼中におくべきだとする議論――がある。他方、あらゆるステークホルダーの利益も考慮に入れるべきだとするステークホルダー論もある。しかし、一見対立しているように見えるこの両論は、実はそれほど対立していない。株主価値の最大化が目標なら、その目標を達成する必要条件の一つは、他のステークホルダーたちの快い協力が得られるよう、充分彼らの利害にも気を配ることである。短期的にはそうするコストが多少利潤に食い込むものであったとしても、長期的には、株主価値の増大をもたらす。

これは、株主価値論・ステークホルダー論などの「べき論」とちがって、経験的に実証できる命題を含んでいる。下請け会社の待遇が寛大な会社ははたしてより多くの利潤を出すかどうか。いろいろな回帰分析研究――利潤と人事政策との相関関係、利潤および協力会社との取引姿勢との相関関係など――が行われてきたが、確たる結果は出ていない。そういう研究にどうしても付きまとう問題は、ステークホルダーの利益を充分考慮に入れなければならないというときの「充分」をどう解釈するか、である。ある国のある環境では、従業員に世間相場の賃金を約束したとおりに払っただけで待遇がいいとされて、よそでは、世間相場プラスαを加えないとケチな扱いだとされる。協力的な態度を得るのに「充分」な待遇というのは、ステークホルダーの期待如何によるのである。何年間も部品を供給してきた下請け会社に、「他社からよりやすい部品が買えるようになったから、さよなら」と告げるのは、利益最大化が至上命令とされているアメリカでは、当然とされる。したがって、そういう扱いを受ける可能性は協力体制をあまり損なわないかもしれない。しかし、長年の取引関係にウエットな義理人情も伴ってくる日本では、協力を得られるような待遇とはされない。

それより重要な問題は、開明的株主価値論は長期展望の議論であるという点である。ステークホルダーを大事にするコストは「短期的には利益低減、長期的には増大」なら「気の長い資本家」が必要となる。安定株主なら、CSRに熱心な経営者を評価するだろうが、短期的利益を目指すヘッジ・ファンドその他の、株売買を頻繁に行う株主なら、その長期的な還元を待ってはいられないだろう。そして、残念ながら、敵対的買収の脅威にさらされるかどうかを決める株価の動向は、たいていの会社の場合、後者(短期保有の投機的な投資家)の方が圧倒的影響を持っているのである。

PRかホンモノの倫理観か

英米でも、日本でも、CSRバブルは単なるPR(宣伝)やIR(投資家関係)の一環としての「名声資本管理」に過ぎないものだ、株価の動向が企業の生死を決める厳しい現実と無関係なキレイゴトだと見る向きがある。必ずしも間違っている向きでもない。

偽善の領域を超えて、経営者に本格的に社会的責任を考えさせる刺激として働きうるのは、顧客のボイコットと投資家の逃避である。

雪印などは前者の簡単な例だが、米国の靴製造会社ナイキは違った意味での例である。ナイキのアメリカでのボイコットは、悪い靴を買わされた人たちが買い渋ったのではなくて、同社の東南アジアの下請け企業でのひどい労働条件を知って、人道的な同情に動かされたアメリカの若い人たちによるボイコットであった。日本のCSR論には、途上国における日本企業の海外拠点での実態についてはあまり出てこないようだ。同友会で実施された、経営者のCSRについての考え方を探るアンケート調査をみればわかる(前掲『第一五回企業白書』)。同調査では、一二項目を例示して、「CSRの範疇に入ると思うか」と聞いた。「より良い製品やサービスの提供」には九三%、「地球環境の保護への貢献」には六二%がチェックしたが、「世界各地の貧困や紛争の解決への貢献」にはわずか四%だった。

投資家の脅し

このように、顧客の脅しの効果は限られている。投資家はどうか。世界中の投資家が、改心して、社会的責任を痛感するようになって、社会的責任を見事に果たす企業にしか投資しないという方針を厳格に適用するようになったら、それこそ世の中が変わるだろう。各国にも、そういう良識ある個人投資家がいることはいる。日本ではインテグレックスという会社が、「貴社がどのように社会的責任を果たしているか」といろいろな具体的な項目にわたるアンケートを上場会社に出して、八〇〇以上の会社から回収した(素晴らしいに違いない)回答に基づいて各企業の社会的責任の履行状況を評価している。そのデータを、良心的な会社に投資を限定している、いくつかのSRI(社会的責任投資)ファンドが使って、社会的責任認知度の高い会社の株を買う。その投資方針を宣伝材料にして、一般の個人投資家にSRIファンドへの投資を誘う。そのようなファンドは二〇〇五年の秋ごろ一〇ほどあった。

ところが、その資産は合わせてせいぜい一〇〇〇億円程度で、東証上場企業の時価総額の一万分の三くらいの額だから、会社に脅しが効くような存在ではない。もし、東証株の一三%を管理している企業年金連合会がそういう投資基準を採用したならば――そして本格的に何が「社会的責任を果たす」ことになるか、はっきりした基準があったら――話は違ってくるだろう。ところが、株主主権推進に熱心な同連合会には、CSR支持者はあまりいないらしい。企業年金連合会のホームページを見ると、膨大な資料の中でCSRが出てくるのは、ある会議での花王の経営者の演説の中のただ一回だけだ。聞いてみれば、「CSRについて連合会の立場を正式に発表したことはありません。CSRについては調査研究中です」という。

にもかかわらず、口だけで測れば、つまり、メディアや社長たちの演説だけで測るなら、英米よりも日本のCSR論は活発である。なぜかというと、一方では雪印や日本ハムのなどの不祥事をきっかけとして刺激された面ももちろんあるのだろうし、無意味なレトリックに対する日本人の寛容度がかなり高いという事情も関係するだろう。しかし、同時にノスタルジアも働いているのかもしれない——最近、場合によっては意欲的に、場合によっては余儀なくされて、株主価値論に帰依した経営者たちの、ひと昔前のステークホルダー重視の「日本的経営」へのノスタルジア。「開明的な株主価値論」はそういう役割も果たす。

CSRと従業員

そのノスタルジアとも関係するのだが、日本のCSR運動と英米のそれとは面白い点で違う。英米ではCSRが「株主所有物企業」論に対抗する、一種のステークホルダー企業推進論でもあるので、ステークホルダーとして重要な位置を占める、従業員の待遇が中核的なテーマとなる。

ところが、日本のCSR論法には、ふつう、従業員は出てこない。同友会の上述のアンケートでCSRを焦点としてあげた一二の例の中に、「雇用を創出すること」があっただけで、ほかに従業員の待遇に触れる項目はなかった。

日本と外国のその違いが気になったのか、厚生労働省が二〇〇五年八月に「労働に関するCSR推進研究会」をつくった。開催第一回の会合で研究会の趣旨を参事官がこう説明している。

外圧がないと動かないと言われるような日本であってはいけないということではありますが、ただ、グローバルスタンダードに乗り遅れますと、また一〇年前のセクハラの問題とかいろいろございまして、企業が叩かれるようなことになってはならないという意味も含めまして、ある程度ご研究をいただければということで、本日はお集まりいただいた次第でございます。(http://www.mhlw.go.jp/shingi/2005/08/txt/s0825-1.txt)

日本と外国の違いはどこから来るかというと、こうではないかと思う。英米で「会社の責任」といえば、経営者の責任を言うのであって、そこには当然、雇っている従業員に対する責任が入る。日本では、まだ多くの経営者の頭の中では、第七章の図**1**にあった「従業員の集合体としての会社」のイメージが消えていない。従業員は「責任」を持つ主体としての会社の「一部」とされている。

そのイメージの残存を幸いに、二一世紀の企業として、一九九〇年代までの「準共同体的企業」とは似て非なる、本物のステークホルダー企業の確立の可能性を考えよう。

第九章　ステークホルダー企業の可能性

1　何が変わったか、変わりつつあるか

ここまでの主張を要約しよう。

(一)　価値の問題だが、基本的立場として、経営者が株主利益の最大化を使命とする「株主所有物企業」より、経営者がすべてのステークホルダーに対して責任を持つ「ステークホルダー企業」の方が、企業内の人間関係の観点からも、その社会的効果(商取引の質、相互信用の度合い、所得分布など)の観点からも、好ましい。

(二)　日本の「準共同体的企業」はステークホルダー企業の一種だったが、第二章(三二ページ)の記述のように、また、最近の不正隠蔽への組合の協力の例も示すように、他のステークホルダーに比べて従業員を優先する性格が多少、度が過ぎて強かった。

(三)　過去一五年間において、日本の企業制度を「株主所有物企業」のモデルに近づけようとする法律が相次いで制定され、経営者による自主的な組織改編もかなり行われてきた。

（四）以上の制度変革の原動力は、経済効率・経済環境変革への対応、不正対策、透明性確保など従来の制度の欠陥を是正するという、改革を推進する政府や経営陣が明示的に標榜する動機にあったというよりも、むしろ、国民心理、階級構造の変遷、外資系投資家の到来などの方に説明を求めなければならない。

（五）「株主革命」とさえ言える経営姿勢の大きな変化が起こったのは、その法律や組織の変革というよりも、むしろ経営者の目標の中で「株価維持」が以前には考えられなかったくらいの優先順位となったためである。

（六）それを説明するのは、外資系投資家の影響、イデオロギーの変化、敵対的買収の現実性など、諸要因の複合体である。

（七）最近、「株主所有物企業」への接近が行き過ぎたのではないかという反省の声をよく聞くようになった。「ステークホルダー」という言葉は財界人の演説によく出るようになった。

思潮の動向と現実の動向

しかし、この最終章で論じたいのは、レトリックやムードの次元では、そういう傾向がみられるにしても、制度的な変化、利益集団の力関係の固定化は、逆の方向――「株主所有物企業」の確立の方向――へ動いているということである。日本でステークホルダー企業の確立を望む人ならば、同じく制度の次元で工夫を考えなければならない。論より団子。演説で理想を述べるのもいいが、ステークホルダー企業の条件は何か、その条件の実現のためにどのような法律なり、慣習なり、組織なりの改正が必要かを考えなければならない。

「現実」は逆の方向に動いているというときに具体的には何を指すのか。第六、七章で見てきたような出来事である。企業が四半期決算報告を出すようになり、会社の事務の中心がます株式市場への情報開示のための作業となって、そのためのコスト負担がかさみ、本来ならば事業の発展・改良に投下されたはずの経営者の時間や注意を奪う。株主だけの観点から企業を見るアナリストの数も、その影響力も年々増してきている(一九六二年に創立された日本証券アナリスト協会は、資格試験制度をはじめて施行した一九八一年に、会員が一〇〇〇人に達した。その数は、二〇〇四年には二万人を超えて、どんどん増えている)。

なによりも「会社=株主の所有物」原理を制度的に確立しつつあるのは、敵対的買収の試みの続発、およびそれをめぐる訴訟事件における法廷での、その原理一点張りの判決である。

敵対的買収制度はこのままでいいのか

ニッポン放送がライブドアに対しての防衛手段として、フジテレビに新株予約権を与えようとしたのは違法だとの判決が下った。単なる経営陣の保身の目的から出た行為で、株主全体の利益にならないというのが判決理由であった。ニッポン放送の従業員も、出演するタレントも、ニッポン放送経営者を支持する声明を出していたということは、裁判所では全然考慮に入れられることがなかった。そういう「会社のことを思う」ステークホルダーには、「ものを言う」法的権利がまったくない。権利を主張できるのは、株をなるべく高く売ることに最大の関心を持っている株主だけである。

そういう状態を憂う人は多いのに、そういう状態を作り出している法律の改正を主張する人は少ない。典型的なのは、『中央公論』二〇〇六年二月号に出た佐山展生氏の「企業買収にも「善」と「悪」がある」という記事だった。氏は、記事の中で、堀江貴文氏逮捕に終わった「インチキな取引」の他に、第五章で取り上げたソトーのケースのように、「つい最近、大株主になった人が、長年かかってため込んだ企業の中にある資産を持っていくのは、倫理的に違和感がある」という。ところが、彼の結論は、なんと、「「会社のことを思う」投資・経営の土壌を作り、日本が成熟した資本主義社会になることを期待したい」というものだった。

「期待したい」――。そういうことを許す制度自体はよしとする。佐山氏は、「ライブドアなどのM&A企業の存在を、非常に評価している」という――「誰もが気づかなかった市場や企業経営の歪みを気づかせたり、企業経営者に緊張をもたらし」すから、と説明する。ホリエモンがどういうゆがみを是正したのか、充分緊張していない社長が何人いるのか知らないが、とにかく彼の便益/費用計算ではそのような便益が「時々倫理的な違和感」にさらされる費用より大きいということらしい。大鶴基成氏の東京地検特捜部長就任時記者会見の発言、「額に汗して働く人や職を失っている人たち」云々が有名になった。インサイダー取引などが、日常茶飯事といえるほどではないにしても、少なくとも珍しくはない株取引環境の中で、検察庁がとり立てて、堀江氏、そして続いて、二〇〇六年六月には村上世彰氏を、逮捕したのには、その汗云々の発言に沿った「倫理的違和感」というよりはむしろ、憤りを込めた、勧善懲悪・一罰百戒の意図が、多分にあっただろう。つまり、そこには両氏の非合法的な行動ばかりでなく、裁判所が是とする彼らの合法的な行動に対する憤りもある。それなら、そのような投機的・非生産的行動を合法とする制度自体を改変する必要こそを唱えるのが筋だと思う。

ポイズン・ピル活用をめぐる議論

ライブドア対ニッポン放送の裁判で、新株予約権を発行することが違法とされた理由のひとつは、そうする権限を株主総会が取締役に委任するという明示的な条項――いわゆるポイズン・ピル条項――を前もって会社の定款に入れて、防衛体制を準備していなかったからである。

上述のように、この事件をきっかけに、経済産業省をはじめ、東京証券取引所も、企業年金連合会も、外資系のISSも、「ポイズン・ピル定款条項」として何を許すべきか、何は許すべきでないかについてのガイドラインを制定した。

そのそれぞれ大差のないガイドラインの前提になっている原則は、防衛策の行使が株主の利益になるようなものでなければならない、すなわち単なる現経営陣の保身に使われるのは邪道である、ということだった。ポイズン・ピルに関する定款の規定が、合理的な投資家にアピールする内容でなければ、株主総会で(定款変更に)必要な三分の二の賛成票を得られないはずだとの前提である(実際、二〇〇五年に三社の株主総会で、そういう定款変更案が否決された)。この場合の「合理的な投資家」といえば、買収者が時価より充分高く公開買い付けをするような場合に備えて、いつでも売り逃げできる権利を死守し、「わが会社の社長さんがおっしゃるなら支持しよう。将来のあるいい会社だから」などと脆《もろ》いことを言うような株主ではない。

すると、そういう「合理的な」株主にもアピールするポイズン・ピル規定とはどういうものか。経営者が敵対買収者に「待った」をかけて、買収者が経営者と交渉を始めざるを得なくするような規定である。すると、経営者は命がけで交渉をして、買収者が当初の意図より高い値段を払わざるを得ないようにする。経営者たちは「金箔の退職金」を貰って引退して株主に最初予想できたより大きな利益をもたらす。そういう結果をもたらす規定ならいいという。(ドイツの有名なボーダフォンのマンネスマン乗っ取り事件がそういう経過であった。株主を余計儲けさせた被買収会社マンネスマンの社長に、法外な退職ボーナスの「ご褒美」を与えた廉《かど》で、同社取締役会長――ドイツ銀行のCEOでもある――ジョゼフ・アッカーマン氏が刑事訴訟中。)

具体的なルールのひとつに、定款によるポイズン・ピル規定を発動する前に、経営陣から完全に独立した委員会が、株主利益の番人として、新株発行計画などが是か非かを審査するというのもある。

そもそも、株主を潤すならいい、経営陣の保身なら悪い。いずれ、関係者は二者だけ、株主と経営者。

2　ステークホルダー社会の実現に向けて

M&A審査委員会

その規定が想定しているような、株主利益の番人とする委員会は、会社ごとに設立する。そのルールからヒントを得て、株主だけでなく、すべてのステークホルダーの利益の番人となるような制度も考えられる。以下のように。

○国家レベルで(あるいは金融庁の外郭団体として)、M&A審査委員会をつくる

○買収の結果、独占企業が生まれないかどうかという、消費者を守る観点から審査する公正取引委員会の機能はそのままにして、新しいM&A審査委員会は、むしろ、株主も、従業員も、地域社会、下請け企業など消費者以外のすべてのステークホルダーにどう影響するかを判断する機能を持つ

○M&A審査委員会の許可を得て初めて、証券取引法による公開買い付けを実行することが許されるように証券取引法を改正する

○委員会の構成は慎重に考えなければならない。たとえば、投資家関係の経済学者二人、労働組合代表か雇用問題専門の経済社会学者二人、中小企業庁のOBや地方商工会議所など、下請企業の利益に敏感な人二人、その他、学識経験者三人――といったようなことも考えられる

○あらゆるケースについて、一か月以内に判断を下すことができる範囲内で、被買収目標企業の各ステークホルダーから(経営者と労働組合はもちろん別々に)文書による意見を求める。また証人として呼ぶこともできる。それぞれの利害関係がかなり相反することは必然的であって、それぞれにどれだけの比重を置くか――ケース・バイ・ケースで修正される必要が出るとしても――一応の基準を設定することが、委員会が効果的に機能する必要条件だろう。しかし、事業拡大や事業効率化のための「真面目な」買収と、単なるグリーンメールまがいの、「資産略奪的買収」の間のけじめをつけるのは難しくないはずである

○敵対的買収案の評価を本職とする委員会だが、ゆくゆくは同意によるM&Aの場合、合併の結果として甚だしく不公平に利益を害されるステークホルダーの訴えを受ける機能を加えることも考えられるが、制度的に定着するまでは敵対的買収だけを扱わせた方がいい

株式持ち合い網の再構築

敵対的買収に対する防衛策として最も効果的なのは、株式持ち合い関係の再構築である――お互いに、買収者提案に応じれば得られるであろう大儲けを犠牲

にしてでも、売り逃げはしないという約束を取引相手同士がすること。これは、私が薦めなくても、すでに経営者たちが少しずつやっているところである。

しかし、それがこっそりとしかできない世の中になった。二〇〇六年の三月末に、新日鉄と住友金属と神戸製鋼とが、敵対的買収への防衛協力協定を結んだ時、『日本経済新聞』(二〇〇六年三月三〇日、夕刊)が、「経営者同士がもたれ合う旧来型の持ち合いの復活につながる」と評した。続いて、五月一八日に、「よみがえる安定株主工作」と題して、持ち合い関係の再構築を「株主総会も、取締役会決議もなしに企業防衛が可能になる〝抜け穴〟」と規定した。そして「国際的な信頼失う恐れ」という副題を記事につけた。

第八章の冒頭で引用した日本監査役協会の意見書が示した、「短期の株主利益優先の行動が、時として反社会的行動を招」きやすいということはすでにかなり常識となっている。にもかかわらず、それを受け止めて、「所有権の絶対性を認めないステークホルダー企業がわれわれの経済文化の中核である。それを守るための制度を作るのは当然である」という、公然と保護主義的な論法は、全然といえるくらい聞かれない。それほどまでに不可挑戦的・覇権的「常識」が形成されている。あたかも、(最近読んだ石川達三の『風にそよぐ葦』が示唆する比喩だが)アメリカの自由主義は立派な思想だという論調が一九四一年の一一月には国内のどの新聞にも見当たらなかったのと同様に。現在は、特高警察が怖いという口実もないのに……。当時は、一億オール閉鎖。今は、国民オール開放、オール国際的だ。

3　インサイダー経営企業の活性化

以上に提案したM&A審査委員会にしても、株式持ち合い網の再構築にしても、無謀な敵対的買収からの防衛策が講じられれば、株価維持一点張りの経営をさせる圧力が緩和されて、経営者は、企業の長期的繁栄を図るような経営に専念することができるようになるだろう。

「できる」条件は揃っても、それを実際にするかどうかは別の問題だ。第一章の三越の岡田社長のように、社長になって、偉くなって、私腹を肥やすワンマン経営をする人は少ないとしても、自己満足感に満ちて、怠慢になって勉強もせずに、喜べない、聞きたくない情報が伝わってこなくなるほど部下に対して横柄な態度で対処するような社長も確かにいる。社長まで絡んだ不正も起こる。キャリア就職・生え抜き経営者というシステムは、正直でダイナミックな社長を多く生むシステムだろうと思うが、「インサイダー経営」という言葉が多少否定的なニュアンスの言葉となることが理解できるくらい欠陥を生み出すこともありうる。

非権威主義的な雰囲気で、上下のコミュニケーションが活発で、トップが孤立せず、部下が自由に上司を批判できることが、そういう欠陥を最小限に抑える一番いい処方箋ではないかと思う。その批判が、妬みや社内の派閥抗争の結果ではなく、「わが企業は誇りにできる企業だ。いつまでもそうであるようにしなければ」という共通な意識に基づいている限り。

残る「準共同体的企業」のインフラ

そのような意識は「準共同体的意識」と呼んでいいと思う。その意識を支える制度的なインフラは、終身雇用、昇進制度の高い確率の予測性、そしてそこから生まれる個人間の競争／協力関係における協力偏重のバランスなどである。第五章でみた、報酬体系における管理職／従業員分離の傾向、労働条件の個別化、成果主義の流行などにもかかわらず、そういうインフラ——特に昇進制度——が、まだあまり損なわれていない。

特に昇進制度に関していえば、まだ「日銀で一二年勤続で課長になる」例が新聞に、驚くべき抜擢人事として見出しになるような世の中である。抜擢人事の普及で、社長になる年齢が若くなったのかといえば、そうでもないらしい。三二社の標本をアット・ランダムにとって、一九九五年に社長になっていた人と、二〇〇三年に社長になっていた人の社長就任年齢を比べてみた。一九九五年は五七・一七歳、二〇〇三年は五七・二〇歳という結果が出た。ちなみにその八年間、社長の交代がなかった企業は三二社のうち四社だけ——信越化学工業の名物社長がその一人、二人はオーナー企業の社長だった。たいていの社長が一期四年の一任期で交代するという慣習自体、社長衰退・堕落への防止手段にもなる。

二〇〇四―〇五年のいくつかの株主総会シーズン以来、議事日程に上っている問題の一つは社長など、主要役員の個別な報酬を開示して、株主総会にその妥当性を問う、英米の制度を日本にも取り入れるべきかどうかである。第五章で見たように、アメリカの機関投資家も、日本の株主オンブズマンも、そのような定款改定案を株主総会に出して、支持票を少しずつ増やしている。

社長の報酬開示の当否

私腹を肥やす経営者の出現を防ぐ策としては、ごもっともな案だが、私は反対である。英米流にコーポレート・ガバナンス・ガイドラインに個別報酬開示を入れようとしたOECDに対する、日本経団連のコメントはこうだ。

〔ガイドライン案で役員の〕報酬と企業の成果の関係を示すべきとしている。欧米においては高額な報酬によって優秀な取締役等を招聘し、業績の向上につなげる文化があることは理解している。しかし日本では、役員の職務はこれまでの長期慣行における企業内昇進の一部として組み込まれ、その報酬も欧米諸国のように高いものではない。このため株主にとって必須の情報であるとの認識には至っていない。一方の観点からのみの記述は不適切であり、削除すべきである。

一見、経営者に都合のいいような論法だが、役員となることは「企業内昇進の一部として組み込まれている」ということは真実である。この点について、おおむね株主オンブズマンの反体制的スタンスに共感し、日本経団連に対してはおおむね批判的である私がなぜ後者に加担するかというと、

（一）第六章で上述した英米の役員報酬の法外な上がり方は、いい反面教師になると思う。このことは、世界でもっとも非常識な給与体系を生んでおり、アメリカの経済学者ポール・クルーグマン氏がたびたび分析しているように、アメリカの酷い格差社会現象のひとつの重要な原因となっている。

（二）英米のような報酬スパイラルを抑えるための一番効果的な防護壁は、自分も会社の従業員の一人であり、企業という準共同体の一員であるという役員の（従来はふつうだった）意識に基づいた自己規制である。他の従業員の給料が個別に公表されていないところに、役員の分だけ公表するとなると、株主代理の経営者対従業員という意識を強化する。「企業昇進の一部として」平取になれば給料が一〇％上がる、社長になるとまた一五％上がるという、現行の慣習がすぐに崩れていくだろう。そうなると、第六章で見てきた「従業員報酬は労働市場に任せる、経営者報酬は収益にリンクする」という原理への傾斜を強化させてしまうように思う。

（三）英米において激しい上昇スパイラルを起こしている個人間競争は、金銭欲の表れでも

あるが、それよりむしろ名誉欲を原動力としている向きもある。社長報酬が公表されると、すぐに週刊誌のランキング発表となる。よっぽど清貧な社長でも自分のランキングを気にするようになりかねない。

だから、今のように、役員の報酬の総額だけを開示することでよいと思う。ただし――そしてこれは重要な「ただし」なのだが――ストック・オプションや退職金への積み立てのほかに、役員の裁量で使う接待費予算も別に公表すべきである。社内の公平感を維持するため役に立つはずである。

内部規制・部下の突き上げ

さて、「非権威主義的な雰囲気で、上下のコミュニケーションが活発で、トップが孤立せず、部下が自由に上司を批判できることが、そういう欠陥を最小限に抑える一番いい処方箋ではないかと思う」と右に書いた。

社長が人事を握っていて、嫌われると出世できない恐れが現実にあるにもかかわらず、「会社を憂う」精神に燃えて、あえて逆らうようなサラリーマンが大勢いれば、インサイダー経営も立派に機能する。しかし、その認識と勇気が問題だ。共同体の長の命令に従うか、共同体のため、命令に逆らうか、どちらを本当の忠誠とするかという葛藤は、日本文学の永年のテーマでもある。森鷗外の「興津弥五右衛門の遺書」では、二人の侍が大名に珍しいものを買えと、長崎へ送られて、そこで見つけたもっとも珍しい、伽羅の香木が大変高価だとわかる。一人が

「主命《しゅうめい》なりとも、香木は無用の翫物《がんぶつ》に之《こ》れあり、過分の大金を擲《なげう》ち候事は然るべからず……臣下として諫《いさ》め止《とど》め申すべき儀なり、たとい主君が強いて本木《もとき》を手に入れたく思召されんとも、それを遂げさせ申す事、阿諛《あゆ》便佞《べんねい》の所為なるべし」という。もう一人は、主君の意向だから、この伽羅を伊達家に取られたら主君が顔負けするから、大金ででも買うべし、という。

鷗外は、後者、議論に負けて、ゆくゆくは自決する方に同情していたようだが、現代のサラリーマンなら、前者の、藩の財政を第一とすることこそ本当の忠誠だとする方に肩入れするだろう。しかし、倫理観はそうであるとしても、実践は？　前述の「部長・課長アンケート」ではこう聞いた。

あなたが管理職になられてから、大きな投資、事業開始、事業所閉鎖など、会社の戦略方針の問題で、トップが行った決定が、あなたの判断では「間違っている」と感じた経験がありますか。

「ある」と答えたのは五三％で、そう答えた人に、さらに、「そういう気持ちをもっとも強く抱いた例を思い返してください。その時どうしましたか」と聞いた。

□あきらめるより仕方がないと思ってあきらめた
□一人で自分の意見を具申した
□同僚と話し合って、グループで具申した

七五％が「あきらめた」と答えた。「具申した」のは、「一人で」が一五％、「グループで」が一〇％だった。さらに、「あきらめた」という七五％（全サンプルの四〇％）にこう聞いた。

以下のどちらに当たりますか
□自分の意見を心の中にしまっておいた
□同僚にぶつぶつ言いながらの諦めだが、誰にぶつぶつ言えるか気を使う必要があった
□ほとんど誰にでもぶつぶつ言える自由な雰囲気だった

一人で内心で憤慨していたのは二〇％、あとは、「気を使う」と「自由な雰囲気」とが半々という結果だった。

小さな実験もやった。研究者、企業人何人かの知り合いの方に、この質問票を送って、結果はどうなると思うかと聞いた。返事をしてくれたのは二三人で、彼らの予測と実際の結果とは、

そう大きな差はなかった(グループ具申の可能性を実際より少々多く、自由にぶつぶつ不服が言える雰囲気を、少々少なく見積もっただけだ)。しかし、面白い指摘もしてくれた。「ふつうの会社なら、そういう大きなことが決定される前に、社で広く根回しがされて、反対ならその反対意見が通らないことが決定以前にすでに判明しているから、諦めるのが合理的だ」とか、「具申したという人だって、廊下でコーヒーを飲んでいる時にたまたま出会った時に遠回しに、そして対立的にならないように自分の意見を述べたことでしょう」「ぶつぶつ自由に言えるかどうかは、オフィスであるか、みんなで飲んでいる時であるかによる」など。

専門家には、こういうことも聞いた。「下からの突き上げがあった方が健全だと思うか、下からの批判にめげず自分のビジョンを実行するような社長がいた方が大事だと思うか」と。「部下の反対をあまり気にして、どうしても必要な「痛い」改革に躊躇する上司が多すぎる」とか、「企業の連帯意識から言えばいいでしょうが、効率的では決してない。うちの息子の長時間労働・サービス残業を見ていてつくづくそう思う」とか、「現場の知識も動員しなければいい決定ができないのはたしかだが、同時に、どうしても現状維持の保守的傾向になることは否定できない」とか、欠陥を指摘するコメントもかなりあった。だが、下からの突き上げの可能性は、プラスの面七割、マイナスの面三割というのがおおむねの結論であった。

専門家のコメントからもうひとつ、面白い点が浮かび上がった。部下の上司に対する批判には二種類ありうる。「会社を憂う」抗議と自分の立場・利益を守るための抗議(後者は企業を「個人間の契約の相対に過ぎない」とする新古典派経済学者の想像が及ぶ唯一の種類の抗議である)。専門家の答えには、後者の種類の抗議の可能性に触れるのは二、三あったが、「会社を思う」ような突き上げの方が、当然ありうるのだ——という前提に立った答えが大部分だった。「良心」の重要な役割を認める、日本の企業文化の強みを物語っている、重要な点だと思う。

4　インサイダー経営者への規制・刺激

そうかといって、会社のことも、社会のことも、同僚のことも、ステークホルダーのことも、全然、念頭においていない経営者もいる。制度的に経営トップの良心を強化して、すべてのステークホルダーの利害を考慮に入れる経営を実現するにはどうすればいいか。

社外重役

アメリカの主流の意見は簡単だ。すべてのステークホルダー云々論は邪道だ。守るべきなのは株主の権利。株主のための経営なら、社会資源の最も効率的な利用になって、社会全体のためになる。方法は、株主の利益だけを代表する社外重役に最終的権力を与えて、経営者を監視できる体制を作ること。

日本でコーポレート・ガバナンス改革を推進してきた人たちの答えは、よりあいまいだ。社外重役・社外監査役などによる、経営者の監視は望ましいが、それは、株主の利益を守るのか、他のステークホルダーの利益を守るのか、不明である。だが、とにかく「社外重役」を取り入れるだけで、ウォール街で評価されるのだからやろう、外部の監視が何らかの形で不祥事をなくすのに役立つはずだ――とする。

しかし、第四章で見てきたように、社外重役の効果はごく限られている。部外者を前にして、自分の決済の根拠を説明しなければならないということは、社長以下の役員の「良心」を突つくのに役立つ効果を持つには違いない。しかし、一生を、会社の中で生きてきた従業員に比べると、社外重役は、内部からの不正告発の受け皿になるかもしれないが、直接に不実不正を見抜く力はいたって弱い。

内部告発

雪印や日本ハムの事件の後で、顧客だまし、国家財政管理者だましを防ぐ方法として、内部告発者保護制度、内部告発奨励制度が日本経団連の企業憲章にも、個別企業の制度にも取り入れられた。少なくとも、遵法への気配りを強化する効果は持つはずである。ところが、五つの会社によって設立された、「内部告発」をホットラインなどで受けて審査する社外者委員会のメンバーとなった、会社の法律問題に大変詳しい弁護士の話を聞くと、その運用効果はまちまちだそうだ。一社からは、訴えが一つも上がってこない。恐怖による圧制だろうという。もう一社からはしばしば訴えの電話がかかってくるが、ほとんどは個人的な愚痴だ。「サービス残業が禁じられてから、仕事を家へ持ちかえるようにと上司にいつも責められている」などばかりだ。非常にモラールの低い、まとまりのない会社だろうという。

いずれにしても、経営者の頭に、株主ばかりでなくすべてのステークホルダーに対する責任感を深く意識させるのに決定的に効果的な制度ではない。そうかといって、株主に対抗できる、一番重要なステークホルダーはやはりどうあっても従業員であるには違いない――株主のように、会社に自分の金融資産の一部だけでなくて、自分のキャリア、自分の生計をかけている、従業員。

従業員の経営参加

第七章で上述したように、「民主主義企業構想」「従業員経営参加構想」には現時点で主として二つある。一つは、従業員の選挙によって選ばれる一人か二人の従業員監査役案。もう一つは、労使協議会の法制化案である。

監査役の選出となると、組合の指名する候補者がどうしても有利になると考えられるので、両案とも、結局、組合を一方に、管理職を片方に、相対立的な存在と見る「労・使」型ないし「労・資」型の認識を強化する制度を作る。使用者(雇用主)の代理人である管理職が入った組織は合法的な「独立な」組合になれないとした労働組合法が制定された一九四七年にはそのようなはっきりした利害の対立が、現実に合った、当然の前提だったといえる。しかし、協調的な企業組合制度が確立されてからは、まったく現実を反映しない前提となった。

労使協議会は、現場の労働者の利益を守ると同時に、トップの決済に対する、現場からの情報や意見を吸い上げて現場の理解や協力を得るのに機能することになっている。しかし、それは一方は経営トップ、他方は、課長補佐以下の下っ端の労働者の代表の集まりであって、経験や知識からいって一番有益な貢献ができるはずの四十歳代、三十歳代後半の管理職の意見はそこには全然代表されていない。

官庁の誰の話だったか覚えていないのだが、こういう観察をしていた。「局長になればもちろん、課長になっても、自民党の代議士などと交渉しなければならなくて、公益の増進に関する自分の信念もいろいろ妥協しなければならなくなる。本当に正義感に駆り立てられて、仕事に励むことができるのは課長補佐くらいのところまでだ」と。

「局長」を「部長」と読み替え、「公益」を「社益」あるいは「ステークホルダー益」と読み替えれば、企業についても同じことが言えるだろう。労使協議会が動員できないのは、そういう、一番頭がよくて、まだ是々非々的な熱に動かされる年齢層にあって、経験もすでにかなり積んできて、しかも、将来役員になる可能性を考えて、会社を大事に思っている、中堅管理職の声である。

何とか、そういう人たちの声をも生かす制度を考えなければならない。

労使協議会の法制化の代わりに、「企業議会」設置といったことが一番適当かと思う。以下の構想はさほど新しくもない。雇用者・使用人の分離を制定した組合法と同じ一九四七年に、当時の同友会の、大塚万丈代表幹事が「修正資本主義の構想」という表題で唱えた企業民主化案と似たようなものだし、最近発表された一橋大学の伊丹敬之教授の「コア従業員によるチェック／メカニズム」とも共通点がある（前掲『日本型コーポレートガバナンス』）。

企業議会の構想

「企業会議」のあらましを以下のように草案してみよう。

理想的な構成は、各社の産業部門、従業員構成——たとえば生産部門が大きな会社、営業部門が主流の会社など——によって、当然変わってくる。要は、社内の各層（現場労働者、管理職コースに乗っている労働組合員、中間管理職、非正社員、研究開発部門の人たちなど）が、各々一つの選挙区をなして、代表を出す。大企業なら、ドイツの工場委員会と同様、本社議会の他に、各事業所の事業所議会も考えられる。従業員の各層の代表の他に、下請け会社の代表、そして事業所議会の場合、所在地域の代表を加えることも考えられる。

目的は、ステークホルダー全体に、企業が直面している競争環境・挑戦についての各位の認識・理解を高めてもらうことと同時に、経営トップに自分たちの決定が、ステークホルダーにどう影響するかの意識を高めてもらうこと。

議案は、現在アナリストに提供しているものより長期的な展望に立った一般展望報告から、より細かい、たとえば、工場・生産部門の閉鎖の段取りや敵対的買収に対する対処の仕方などまで。現在の労使協議会と同様、報告事項、協議事項、同意事項(つまり決議事項)、の三つに分けられるが、この「企業議会」に実質的な拒否権を与える同意事項は少ないだろう。

戦争当時の日本のスローガン「上意下達・下情上達」は民主主義否定の象徴として悪名高いが、企業内の経営方針の協議のあるべき姿を適切に要約する言葉だろう。労働条件は当然「同意事項」——雇用者が労組という団体をなして交渉して同意しなければ成立しない事項——だが、経営方針については、やはり経験・知識・知恵を重んじるヒエラルヒーが必要であって、民主主義的多数決原理を適応する事柄ではない。

競争力の観点から、重要な秘密情報を企業議会で開示することは望んでもありえないことだろうが、大きな会社の、人数の多い議会の場合、小人数の執行委員会をつくって、秘密を守る確約の下で協議を行うことも考えられる。

付加価値計算書の作成

ステークホルダー企業にふさわしい意識を経営者に植え付ける方法として、もう一つ提案したい。有価証券報告書の内容として、いまのような、営業利益・経常利益を報告させる、株主への還元中心の損益決算書、および配当、内部留保、役員賞与の利益配分表だけでなく、その他に、ステークホルダーのうち、少なくとも、株主、従業員、債権者、および国家への還元を同時に比較できる、付加価値配分決算の開示も義務付けることである。それに必要なデータは、一九七〇年以来、大蔵省(現・財務省)が「法人統計」という(義務付けられた)「指定統計」のデータとして、企業に求めてきたものばかりである。

付加価値総額とは、結局、会社が買い入れた原料、部品、エネルギー、コンサルタント・サービスなどのコストを売り上げから差し引いた額である。言い換えれば、株主や銀行から得た資本を使って、経営者・技術者・事務・生産に当たった労働者などの知恵および肉体労働が総体的に作った価値——原料などに「付加」した価値である。付加価値分配表は、企業の内部の人々の報酬・給料になった分、株主の配当になった分、銀行への利子になった分、国家・地方政府の税金になった分および会社に残った分を示すものである。

これらは、株主や銀行の資本と社員の労働の相乗効果を持っている性格を象徴するような計算であり、企業が、役員、管理職、平社員といった人間の総体であるという意識を強める手段として、ステークホルダー企業にとって相応しい会計の出し方である。

おわりに

なぜ急いだ方がいいか

以上のような制度的手段で「株主主権企業」への傾斜をせき止めて、「ステークホルダー企業」を定着させようと思えば、今すぐ、必要な会社法改正を行う運動を起こさなければならない。

なぜかというと、「短期的な理由」もあれば、「構造的な理由」もある。

「短期的な理由」はといえば、第九章の冒頭で触れた、世論の最近の動きがある。株主利益の名の下で、傍若無人、「時価総額世界一」などを目標に、派手に活躍して、若者やデイトレーダーの大変な人気を得、政界主流の賞賛を受けたアイドルが一瞬で破綻してしまった。一方、経済成長のテンポが上がり、国民的自信も回復してきて、「日本的なもの」への再評価が進展している。

「構造的な理由」はといえば、世代の交代を指している。企業共同体的思想、ステークホルダーを大事にする思想、また株主重視主義がもたらす貧富の差の拡大を懸念する思想は、今いよいよ会社の会長・社長格を卒業している、昭和ひとけた世代、戦中・戦後生まれの世代に一番強くアピールするところがある。この人々は、一九七〇年以後に生まれた世代にはより稀にしか現れない感覚を持っている。

『日本経済新聞』の「私の履歴書」欄を読めばわかるのだが、古い世代の経営者たちには、農村生まれの人が多く、五、六人兄弟の大家族に育った人が多い。村の小中学校から、公立の名門高校に進んで、塾通いなども大してせずに、国立大学の入学試験で、出世コースに乗った。兄弟のなかに、大学どころか、高校にも行かないで、八百屋さんになったり、工員になったり、平の事務員になったりした人もいよう。郷里に帰ったら、同窓会に出て、村に残った人たちとも接触する。

経営者コースに乗った後の世代には、むしろ都会生まれの人が多い。経営者・自由職業者などの中流家庭出身の人が大部分。若い時の塾通いのおかげで、中高一貫校の有名受験私立高校に入って、一二歳からエリートコースに乗るのだから、将来自分の部下になるような人たちとは交わる機会を持たない。

階級を超えた人間的つながり、社会における貧富の差として、何が「業績の差に対する当然な報酬」で、何が過大な差別であるかの観念——企業共同体意識の土台となる社員同士の思いやりの観念——そのような次元での感覚が、両世代の間でかなり大きく違っているのは驚くに足らない。

それにもう二つの世代間の違いを加えなければならない。(1)口悪く「洗脳世代」と名づけた、米国留学を通して、企業共同体などのもろさを排撃し、株主所有権の絶対性など、英米の法理・新古典派経済学の原理を吸収して帰った人たちは、古い世代の経営者には少なく、若い世代に多いこと。(2)古い世代の人たちにとっては、一生の主な収入は自分の給料だけだった。金融財産の蓄積には相当時間がかかって、財産収入が自分の総収入において大きな役割をなさなかった。若い世代には、総額一四〇〇兆円の日本人の貯金のうち、平均より大きいシェアをもった家庭で育って、その金融資産を相続したか、相続することを期待できる人の割合がより大きい。株主への還元を優先させる経営思想に共感するのも当然である。

非民主主義的提案の弁解

若い読者は言うだろう。「以上、お書きになった世代間の違いは、まあその通りだろう。だからステークホルダー企業の日本的情緒文化や人間関係や社会構造との親和性を感じているのは、あなたやあなたと同年輩の日本人の友だちのようなお爺さんたちだけだろう。われわれ、すでに国民の大多数になって、これからますます大多数になる若い世代の人たちは、ご指摘のように違う。「企業民主主義」などの名において、国民の大多数は欲しないような制度を、法律改正で釘付けにしておこうというのは非民主主義的ではないか。矛盾しているのではないか」と。

そのような批判への答えは二つあり得ると思う。ひとつは、第四章で引用した、キッコーマンの茂木会長がＨＯＹＡの若手社長へ行った忠告の真似をすることだ。こちらは経験を積んだ年上の者なのだから、「お父さん、お母さんの言うことを聞きなさいよというような調子で」答えること。

それより賢明な答え方があると思う。

あなたがた若い人たちの気持ちが分からないでもない。「準共同体的企業」で働く人なら、上司の顔色を見ないと、こうできない、ああできないという不合理や非効率性に日々複雑な思いを抱くことが多いだろうと思う。しかし、そういう悪弊を是正するのと、株主の所有権を絶対化するような法制度を作るのとはまったく次元の違う別の問題である。

ある意味での個人主義への傾向は近代社会の必然的な現象だが、個人主義にもいろいろある。細かく分析すれば、「個人主義」には七つの意味を見出せる（Ｒ・ドーア『二一世紀は個人主義の時代か――西欧の系譜と日本』加藤幹雄訳サイマル出版会、一九九一年、参照）。単なる利己主義的な処世術もあれば、個人の権利と社会への義務をわきまえた上で、確固たる倫理観に基づいて、是々非々主義的な姿勢を保つ個人主義もある。混同しないことが大事である。

ステークホルダー企業といって、伝統的な「準共同体的企業」の保存となりかねない制度づくりは「国民の大多数が欲していない」ことだとおっしゃるが、実は「エリートの大多数が欲していない」と言った方が正しいだろう。そしてエリートと一般庶民とのギャップが拡大していく日本である。エリートが経済合理性と称して推進した郵政民営化を、二〇〇五年の選挙で支持した若い有権者の中に、地方の郵便局の人員採用の時、応募倍率三〇〇人の競争で落ちて郵便局への単純な反感を抱いたフリーターたちが多かったという説も、その端的な象徴である。

そのギャップが拡大していくことは、エリート層の中でも、心配の種になってきたことは二〇〇六年の春からの「格差社会論ブーム」が証明している。第五章で指摘したように、ギャップ拡大の原因として「株主所有物企業」への傾斜が大きな役割を果たしている。それは欧米では常識となっているのだが、日本における議論にはあまり出てこない。ギャップ拡大傾向が過去二〇年の間に最も顕著に現れたアメリカを反面教師として、フランス、ドイツ、イタリアなどでは、株主天下にならないような措置を求める声が、最近力強くなっている——若い世代の間でも。日本でもなっていいいと思う。

そして、年長の世代、「企業は株主だけのものではない、全部のステークホルダーのことを考えなければならない」との演説をする財界・産業界の指導者たちにこう言いたい。Walk the talk（お話の方向に歩け）、江戸の儒者、佐藤一斎の言葉でいうと、言行一致。前述の敵対的買収の脅威逓減の案、あるいは、企業議会の案、あるいは付加価値分配表作成の義務化案は、最適なものでないかもしれない。よりいい案があるかもしれない。しかし、戦後「日本的経営」の諸慣習をつくり、三〇年間もその明るい面、暗い面を生きてきたあなた方が、ホンモノのステークホルダー企業の法的枠組みを作るための経験と知恵を一番持ち合わせているはずである。

日本経済の競争力ばかりでなく、日本社会の行方も考えてください。

供者関係』有斐閣，2002 年
若林政史『日本的経営の制度化を考える――株式会社はどうなるか』中央経済社，1994 年
吉田望『会社は誰のものか』新潮新書，2005 年

＊欧米についての資料は過去の 10 年間，まさに洪水のように出版された．ハーバード大学の図書館でキーワード「コーポレート・ガバナンス」と検索すれば 1039 冊の本が出てくる．私の目に付いて推薦できるものは以下のとおり．

まず，網羅的，教科書的な本として：

Robert A. G. Monks and Nell Minow, *Corporate governance* (Blackwell Publishers, 2nd. ed., 2001：ロバート A. G. モンクス，ネル・ミノウ『コーポレート・ガバナンス』ビジネス・ブレイン太田昭和訳，生産性出版，1999 年

および英米日仏独の鮮明な比較システム分析：

Jonathan P. Charkham, *Keeping good company: a study of corporate governance in five countries* (Oxford University Press, 1994)

そして，基礎的文献の抜粋を通じて理論史・思想史として大いに役に立つのは：

Thomas Clarke, ed., *Theories of corporate governance: the philosophical foundations of corporate governance* (Routledge, 2004)

株主主権原理に疑問を挟まない視点から，米国のコーポレート・ガバナンスを理論化したり，問題の所在を指摘したりする本として：

Michael C. Jensen, *A theory of the firm: governance, residual claims, and organizational forms* (Harvard University Press,

推薦図書一覧

＊主な情報源は新聞の他に，日本に驚くほど多い経済団体のウェブ・サイトや，企業の有価証券報告書などを載せているEDINET (Electronic Disclosure for Investors' NETwork,「証券取引法に基づく有価証券報告書等の開示書類に関する電子開示システム」, https://info.edinet.go.jp/EdiHtml/main.htm)だが，日本の現状を知るのにいろいろ教わった本のリストは以下のとおり：

伊丹敬之『経営の未来を見誤るな——デジタル人本主義への道』日本経済新聞社，2000年

稲上毅・連合総合生活開発研究所編著『現代日本のコーポレート・ガバナンス』東洋経済新報社，2000年

稲上毅・森淳二朗編『コーポレート・ガバナンスと従業員』東洋経済新報社，2004年

Takeshi Inagami and D. H. Whittaker, *The new community firm : employment, governance and management reform in Japan* (Cambridge University Press, 2005)

稲上毅『ポスト工業化と企業社会』ミネルヴァ書房，2005年

岩井克人『会社はだれのものか』平凡社，2005年

奥村宏『会社は誰のものでもない』ビジネス社，2005年

Sanford M. Jacoby, *The embedded corporation : corporate governance and employment relations in Japan and the United States* (Princeton University Press, 2005)

加藤雅信，藤本亮『日本人の契約観——契約を守る心と破る心』三省堂，2005年

Simon Learmount, *Corporate governance : what can be learned from Japan?* (Oxford University Press, 2002年)

日本取締役協会編『取締役の条件——21世紀のコーポレート・ガバナンスはどうあるべきか』日経BP社，2002年

田中一弘『企業支配力の制御——戦後日本企業の経営者・資金提

ロナルド・ドーア

1925年英国ボーンマス生まれ
戦時中に日本語を習って，1950年に初めて日本に留学した時以来，ロンドン，ブリティッシュ・コロンビア，サセックス大学開発問題研究所，ハーバード，MITの諸大学で教鞭を取りながら，主として日本の社会経済構造の研究および日本の経済発展史から見た途上国の開発問題の研究に専念してきた
著書—『日本の農地改革』『江戸時代の教育』
『学歴社会 新しい文明病』
『イギリスの工場・日本の工場』
『都市の日本人』『貿易摩擦の社会学』
『日本との対話—不服の諸相』『日本を問う 日本に問う—続不服の諸相』
『日本型資本主義と市場主義の衝突—日・独対アングロサクソン』
『働くということ』ほか

誰のための会社にするか　岩波新書(新赤版)1025

2006年7月20日　第1刷発行

著　者　ロナルド・ドーア

発行者　山口昭男

発行所　株式会社 岩波書店
〒101-8002 東京都千代田区一ツ橋2-5-5
案内 03-5210-4000　販売部 03-5210-4111
http://www.iwanami.co.jp/

新書編集部 03-5210-4054
http://www.iwanamishinsho.com/

印刷製本・法令印刷　カバー・半七印刷

ISBN 4-00-431025-3　Printed in Japan

岩波新書新赤版一〇〇〇点に際して

ひとつの時代が終わったと言われて久しい。だが、その先にいかなる時代を展望するのか、私たちはその輪郭すら描きえていない。二〇世紀から持ち越した課題の多くは、未だ解決の緒を見つけることのできないままであり、二一世紀が新たに招きよせた問題も少なくない。グローバル資本主義の浸透、憎悪の連鎖、暴力の応酬——世界は混沌として深い不安の只中にある。

現代社会においては変化が常態となり、速さと新しさに絶対的な価値が与えられた。消費社会の深化と情報技術の革命は、種々の境界を無くし、人々の生活やコミュニケーションの様式を根底から変容させてきた。ライフスタイルは多様化し、一面では個人の生き方をそれぞれが選びとる時代が始まっている。同時に、新たな格差が生まれ、様々な次元での亀裂や分断が深まっている。社会や歴史に対する意識が揺らぎ、普遍的な理念に対する根本的な懐疑や、現実を変えることへの無力感がひそかに根を張りつつある。そして生きることに誰もが困難を覚える時代が到来している。

しかし、日常生活のそれぞれの場で、自由と民主主義を獲得し実践することを通じて、私たち自身がそうした閉塞を乗り超え、希望の時代の幕開けを告げてゆくことは不可能ではあるまい。そのために、いま求められていること——それは、個と個の間で開かれた対話を積み重ねながら、人間らしく生きることの条件について一人ひとりが粘り強く思考することではないか。その営みの糧となるものが、教養に外ならないと私たちは考える。歴史とは何か、よく生きるとはいかなることか、世界そして人間はどこへ向かうべきなのか——こうした根源的な問いとの格闘が、文化と知の厚みを作り出し、個人と社会を支える基盤としての教養となった。まさにそのような教養への道案内こそ、岩波新書が創刊以来、追求してきたことである。

岩波新書は、日中戦争下の一九三八年一一月に赤版として創刊された。創刊の辞は、道義の精神に則らない日本の行動を憂慮し、批判的精神と良心的行動の欠如を戒めつつ、現代人の現代的教養を刊行の目的とする、と謳っている。以後、青版、黄版、新赤版と装いを改めながら、合計二五〇〇点余りを世に問うてきた。そして、いままた新赤版が一〇〇〇点を迎えたのを機に、人間の理性と良心への信頼を再確認し、それに裏打ちされた文化を培っていく決意を込めて、新しい装丁のもとに再出発したいと思う。一冊一冊から吹き出す新風が一人でも多くの読者の許に届くこと、そして希望ある時代への想像力を豊かにかき立てることを切に願う。

（二〇〇六年四月）